Albert Bichler

WIE'S IN BAYERN DER BRAUCH IST

Albert Bichler

Wie's in Bayern der Brauch ist

Feste und Bräuche durchs Jahr und durchs Leben in Altbayern, Franken und Schwaben

W. Ludwig Verlag

Das Umschlagbild zeigt den Maibaum von Neubeuern bei Rosenheim.
Seite 2: Beim Georgiritt in Traunstein

BILDNACHWEIS
Fotos auf Umschlagrückseite: Gregor M. Schmidt
Ammon, Berchtesgaden: S. 11.
Archiv Dollinger, Wörthsee: S. 28 (2).
Erika Groth-Schmachtenberger: S. 17 (2), 30, 40, 54, 65, 97, 98, 119, 136, 141, 155, 159, 161, 174, 176, 178, 187 (2), 189.
Kathol. Pfarramt Tuntenhausen: S. 83.
Kathol. Stadtpfarramt Simbach am Inn: S. 58.
Kur- und Verkehrsamt Kiefersfelden: S. 111, 112.
Kurverwaltung Oberstdorf/Allgäu: S. 172.
Kurverwaltung Schliersee: S. 31.
Landeshauptstadt München, Fremdenverkehrsamt: S. 23, 32, 37, 46/47, 181.
Wolfgang Lauter, München: S. 5, 14, 14/15, 19, 26/27, 43, 46, 67, 73, 96, 129, 130, 131, 132, 134, 139, 157, 166, 168, 183, 184 (2).
Lippert Verlag, Ebermannstadt: S. 53, 192.
Dietmar Mitschke, München: S. 56/57, 145, 148/149, 153.
Obermain Buch- und Bildverlag Bornschlegel, Staffelstein: S. 80.
Gregor M. Schmidt, Gilching: S. 2, 5/6, 9, 33 (2), 35, 38, 69, 76, 76/77, 81, 85, 88/89, 93, 105, 108/109, 115, 123, 126, 127, 148, 151, 152, 165, 169.
Franz Scholl, Bad Oberdorf: S. 49.
Stadt Lohr am Main, Touristeninformation: S. 61.
Verkehrsamt Cham: S. 90.
Verkehrs- und Kulturamt Wunsiedel: S. 101, 103.

2. Auflage 1998

Printed in Germany

Redaktionsleitung: Renate Weinberger
Lektorat: Hans Dollinger
Herstellung: Manfred Metzger
Umschlaggestaltung: Heinz Kraxenberger, München
Gestaltungskonzept/Typographie: Christine Paxmann, München
Layout und Satz: AVAK Publikationsdesign, München
Druck und Bindearbeiten: Westermann Druck Zwickau GmbH

ISBN 3-7787-3469-5

INHALTSVERZEICHNIS

Zunftzeichen und Figuren zieren diesen Maibaum in Miesbach in Oberbayern.

Zum Dank für seine Errettung aus den Händen von Räubern gelobte der Pfarrer von Kötzting 1412 eine alljährliche Pfingstwallfahrt, aus der später der Kötztinger Pfingstritt entstand, eines der ältesten Brauchtumsfeste in Bayern.

VORWORT

In unserer von der Technik geprägten Welt ist nicht wenigen Menschen das Verständnis für Bräuche verloren gegangen, zumal diese ihren Ursprung meist in einer agrarisch geprägten Welt haben. Sie können nichts anfangen mit Bräuchen, die aus Erfahrungen der Abhängigkeit von einer höheren Macht entstanden sind. Brauchtumspflege beschränkt sich aber heute keineswegs nur auf die dörfliche Gemeinschaft. Viele Bräuche haben in abgewandelter Form ihren Weg auch in die Stadt gefunden.

Brauchtumspflege steht heute, nach Jahren kritischer Distanz, wieder weithin hoch im Kurs, ja ist geradezu modern. Dabei kommt es freilich nur allzu oft zu einer oberflächlichen Gleichsetzung von Brauchtum und folkloristischen Zur-Schau-Stellungen, und nicht selten ist Brauchtum mit einem gewissen Snobismus besetzt. Die Bräuche, an denen vor allem Bayern aufgrund einer jahrhundertelangen kulturellen Tradition so reich ist, stellen keineswegs eine Spielart von Freizeitaktivismus dar. Sie sind vielmehr Ausdruck von vielschichtigen Erfahrungen des Menschen, seines Ringens um das Dasein. Die meisten unserer Bräuche haben ihre Wurzeln im menschlichen Wissen um eine Transzendenz, um ein höheres Wesen, das unser Dasein trägt und hält. Dieser Gedanke, das läßt sich mühelos belegen, liegt vielen Bräuchen, nicht nur in unserer Heimat, zugrunde.

In unserer von der Technik geprägten Welt ist nicht wenigen Menschen das Verständnis für Bräuche verloren gegangen, zumal diese ihren Ursprung meist in einer agrarisch geprägten Welt haben. Sie können nichts anfangen mit Bräuchen, die aus Erfahrungen der Abhängigkeit von einer höheren Macht entstanden sind. Brauchtumspflege beschränkt sich aber heute keineswegs nur auf die dörfliche Gemeinschaft. Viele Bräuche haben in abgewandelter Form ihren Weg auch in die Stadt gefunden.

Nicht zu Unrecht wird beklagt, daß Brauchtumspflege in einen oberflächlichen, oft kommerziell geprägten Aktionismus abgleitet. Soll Brauchtum dem Menschen mehr sein als billige Freizeitanregung, soll es ihm helfen, sein Leben zu meistern, in sein Leben Farbe zu bringen, dem Alltag für eine kurze Zeit zu entfliehen, muß er sich mit dem Sinn eines Brauches auseinandersetzen. Ein gedankenloses, nur der Unterhaltung dienendes Mitmachen kann auf die Dauer nicht befriedigen und wird zur Farce.

Vor diesem Hintergrund versucht das Buch, dem Leser seine Dienste anzubieten. Es möchte einen, wenn auch notwendigerweise lückenhaften Überblick über Bräuche geben, die heute in Bayern lebendig sind und gepflegt werden. Viele Bräuche haben eine landesweite Verbreitung, manche sind regional begrenzt, haben ihren Ursprung in einer lokalen Begebenheit, wie dies z. B.

Das Besondere an der Kerzenwallfahrt von Holzkirchen, einem Dorf bei Vilshofen, ist die »Lange Stang«. Die 12,50 Meter lange »Kerze« wird über 75 Kilometer zum Bogenberg hinaufgetragen.

beim Kötztinger Pfingstritt der Fall ist. Das Buch will zeigen, wie es zu den Bräuchen kam, welcher Sinn ihnen zugrundeliegt. Gerade das Wiederentdecken des Sinns scheint ein Weg zu sein, den heutigen Menschen neu für die Brauchtumspflege zu begeistern.

Angesichts so vieler sinnloser Freizeitaktivitäten möchte das Buch den Leser überzeugen, daß Brauchtumspflege dem menschlichen Streben nach Höhepunkten, nach einer Rhythmisierung des Alltags und seinem Bedürfnis nach Freude in geradezu idealer Weise entgegenkommt. Und da sich Bräuche in der Mehrzahl nur in Gemeinschaft mit Gleichgesinnten pflegen lassen, sind diese auch ein Weg, aus persönlicher Isoliertheit herauszutreten. Darüber hinaus regen Bräuche an, sich mit der Kultur und Tradition seiner Heimat auseinanderzusetzen, sich an ihnen zu erfreuen und sich, entgegen der heutigen Konsumhaltung, auch auf kulturellem Gebiet kreativ zu betätigen.

Das Buch, das seit seinem ersten Erscheinen vor zehn Jahren viele Freunde gefunden hat, liegt nun inhaltlich stark erweitert und in überarbeiteter Form vor, ist aber dem bewährten Konzept treu geblieben und will in knapper Form über Bräuche informieren, Verständnis für sie wecken und zum Mitmachen anregen. Es möchte dazu beitragen, das Leben des einzelnen zu bereichern, auch an Wertvorstellungen. Insoweit könnte die Pflege unserer Bräuche ein Weg zu mehr Lebensfreude und persönlichem Glück sein. Und das ist auch ein Wunsch, den der Autor seinem Buch mit auf den Weg geben möchte.

Albert Bichler

Wie's im Januar der Brauch ist

Die Tage der Jahreswende sind von jeher reich an Bräuchen, deren heidnischer Ursprung deutlich zu erkennen ist. Durch Lärmen will man die bösen Geister des Winters vertreiben – wie hier beim Neujahrsanschießen in Berchtesgaden (rechte Seite).

Nach dem römischen Kalender beginnt bei uns das Jahr am 1. Januar. Die Tage der Jahreswende sind von jeher reich an Bräuchen, deren heidnischer Ursprung noch deutlich erkennbar ist. In ihnen zeigt sich immer wieder das Bemühen, durch Lärm (Schießen) die gefürchteten Dämonen des Winters abzuwehren und Gesundheit und Wachstum zu sichern.
Neben Neujahr ist der wohl wichtigste Tag dieses Monats das Dreikönigsfest am 6. Januar. Auch bei der Feier dieses Festes verbindet sich heidnischer Aberglaube mit christlicher Frömmigkeit. Mit diesem Tag endet die Zeit der Zwölften, der Rauhnächte. Am Dreikönigstag werden zum letzten Mal Haus und Stall ausgeräuchert, um sie dem Einfluß der bösen Geister zu entziehen.
Nach dem Dreikönigstag beginnt alljährlich der Fasching, der bis zum Faschingsdienstag dauert. In Maskenverkleidungen und lärmenden Umzügen, bei Tanz und anderen Lustbarkeiten findet die Lebensfreude ihren Ausdruck.
Das neue Jahr bringt uns alljährlich eine Flut neuer Kalender, die oft als Werbegeschenke dienen. Auf dem Land hieß früher der Hauskalender »Praktik«. Dieser Kalender enthielt die wichtigsten wirtschaftlichen, astrologischen und wetterkundlichen Hinweise sowie Los- und Unglückstage, und er war nicht selten der einzige Lesestoff der Familie.

Prosit Neujahr!

Im alten Rom begann ein neues Jahr am 1. März. Julius Caesar brach mit dieser Tradititon und legte in seinem Julianischen Kalender im Jahre 45 v. Chr. den Jahresanfang auf den 1. Januar. An diesem Tag betete man zum Gott Janus und für das Wohlergehen des Staates.
Im Jahre 1691 entschied sich auch die Kirche durch Papst Innozenz XII. für den römischen Jahresbeginn. Lange Zeit hielt man sich aber noch an das frühere Datum für den Anfang eines neuen Jahres, das Fest Heilige Drei Könige (Epiphanie) am 6. Januar.

Seit alters mißt man dem Neujahrstag eine große Schicksalsbedeutung für das beginnende Jahr bei. So sollte früher zu Neujahr das Haus gereinigt sein, da es sonst das ganze Jahr nicht mehr in Ordnung kam.

Wer am Neujahrstag nieste, sollte lange leben. Reiner Aberglaube war auch die Vorstellung, daß fremder Besuch während des Mittagessens am Neujahrstag Unglück bedeutet.

Nach altem Brauch, der bereits bei den Römern bekannt war, werden am Neujahrstag Glückwünsche ausgetauscht: Prosit Neujahr! Man wünscht sich viel Glück, Gesundheit und Erfolg.

»Das Neujahr abgewinnen!« zählt seit alters zu den ersten Pflichten im neuen Jahr. Zuerst wünschen die Kinder allen in der Familie ein gutes neues Jahr. Bei Verwandten und Paten, beim Göd und bei der Godn, bekamen die Kinder für ihre Glückwünsche allerlei Geschenke. Und vielerorts belohnte man auch die Dienstboten, die Knechte und Mägde, für ihre Glückwünsche mit kleinen Gaben.

Nach altem Brauch, der bereits bei den Römern bekannt war, werden am Neujahrstag Glückwünsche ausgetauscht: Prosit Neujahr! Man wünscht sich viel Glück, Gesundheit und Erfolg. »Das Neujahr abgewinnen!« zählt seit alters zu den ersten Pflichten im neuen Jahr. Zuerst wünschen die Kinder allen in der Familie ein gutes neues Jahr.

Dieser Brauch ist heute ausgestorben, da in Deutschland Weihnachten zum großen Geschenkefest geworden ist. An das Schenken zu Neujahr erinnert aber noch der weit verbreitete Brauch, all denen, deren Dienste wir das ganze Jahr in Anspruch nehmen, mit kleinen Geschenken zu danken: dem Briefträger, der Zeitungsfrau, dem Kaminkehrer, den Mülltonnenmännern.

Als es noch keine Sozialversicherung gab, nützten die Armen eines Ortes das Neujahrswünschen zu regelrechten Heischegängen. Sie zogen von Haus zu Haus und erbettelten Geschenke. Ihre Glückwünsche sprachen sie dabei meist in einfachen Versen aus:

> Wir setzen uns net nieder,
> wir bleiben a net da,
> wir wünschen nur zusammen
> ein glückliches neues Jahr.

Da dieser Brauch in reine Bettelei ausartete, wurde er bei Strafe untersagt.

BAUERN- UND WETTERREGELN

Die Neujahrsnacht still und klar,
deutet auf ein gutes Jahr.

Wenn am Neujahr die Sonne lacht,
gibt's viel Fisch in Fluß und Bach.

Morgenrot am Neujahrstag,
Unwetter bringt und große Plag.

Ist der Jänner hell und weiß,
wird der Sommer sicher heiß.

Ist der Jänner naß,
bleibt leer das Faß.

Kommt der Frost im Jänner nicht,
zeigt im März er sein Gesicht.

Januar warm,
daß Gott erbarm!

Januar muß vor Kälte knacken,
wenn die Ernte soll gut sacken.

An Fabian und Sebastian (20. Januar)
fangen die Bäume zu saften an.

Pauli Bekehr (25. Januar)
der halbe Winter hin, der halbe her.

Im Jänner viel Muckentanz
verdirbt die Futterernte ganz.

»Perchten«-laufen in Kirchseeon.

Als Heilige Drei Könige aus dem Morgenland ziehen die Sternsinger umher. Sie werden überall freudig aufgenommen, denn man glaubt, daß sie Glück ins Haus bringen.

In Gottes Namen wir anfah'n

1. In Gottes Namen wir anfah'n,
ein neues Jahr zu singen an,
ein neues Jahr, eine fröhliche Zeit,
ja die uns Gott vom Himmel geit.

2. Es ist erst heut der achte Tag,
nachdem das Kind geboren ward,
/:geborn aus Maria, der Jungfrau rein,
das soll unser Erlöser sein:/

3. Amen, amen, jetzt ist es gar.
Wir wünschen euch allen ein neues Jahr.
/:Was wünsch'n wir euch nach dieser Zeit?
Die ewige Glückseligkeit:/

Die Heiligen Drei Könige mit ihrem Stern

»Als Jesus in den Tagen des Königs Herodes zu Bethlehem in Juda geboren war, kamen Weise aus dem Morgenland nach Jerusalem und fragten: Wo ist der neugeborene König der Juden? Wir haben seinen Stern im Morgenland gesehen und sind gekommen, ihn anzubeten.«

So beginnt Matthäus seinen Bericht über die Ankunft der Magier beim König Herodes. Beim Evangelisten erfahren wir nichts über deren Anzahl, wohl aber lesen wir von drei Geschenken, weshalb man auch auf drei Weise schloß. Sie brachten dem Kind in der Krippe königliche Geschenke: Gold, Weihrauch und Myrrhe. Diese Gaben sind nach theologischer Auslegung Hinweise auf Christus als den König, als den Gott und als den Menschen: Gold bedeutet Kraft und Weltherrschaft, Weihrauch gebührt Christus als Priester und Sohn Gottes, Myrrhe ist ein Hinweis auf seinen Tod am Kreuz.

»Als Jesus in den Tagen des Königs Herodes zu Bethlehem in Juda geboren war, kamen Weise aus dem Morgenland nach Jerusalem und fragten: Wo ist der neugeborene König der Juden? Wir haben seinen Stern im Morgenland gesehen und sind gekommen, ihn anzubeten.«

Über die geschichtliche Existenz der Heiligen Drei Könige wissen wir fast nichts. Zum göttlichen Kind kamen mit Sicherheit keine Könige, sondern hochgelehrte Magier, die sich mit Astronomie und Astrologie befaßt und genau die Himmelsrichtungen beobachtet hatten. Als eines Tages ein seltener Stern er-

schien, machten sie sich, unabhängig voneinander, auf den Weg. Nach einer 60 Tage langen Kamelreise durch die Wüste sollen sie Jerusalem und schließlich Bethlehem erreicht haben. Seit dem 6. Jahrhundert sah man in den Magiern aus dem Morgenland Könige mit den Namen Kaspar, Melchior und Balthasar.

Da zogen die drei Kini alleine
in ihr Land nach Köln am Rheine.

So endet ein altes bayerisches Dreikönigslied und erinnert damit daran, daß die Gebeine der Heiligen Drei Könige seit dem Jahre 1163 im Kölner Dom ruhen. Vorausgegangen war diesem Ereignis eine kriegerische Auseinandersetzung, die Kaiser Barbarossa mit der oberitalienischen Stadt Mailand hatte. Als sich die Bischofsstadt dem mächtigen Kaiser aus Deutschland ergeben mußte, kamen auch die dort befindlichen Reliquien der Heiligen Drei Könige in seinen Besitz. Barbarossa schenkte die kostbare Beute seinem Kanzler und Feldherrn Rainald von Dassel, und dieser überführte sie nach einer abenteuerlichen Reise in seine Heimatstadt Köln. Um den kostbaren Reliquien einen würdigen Platz zu geben, plante man daraufhin in Köln eine gewaltige Kathedrale,

An die Stalltür wird mit Kreide C + M + B geschrieben. Dabei handelt es sich um die Abkürzung eines lateinischen Segenswunsches (links).

In ganz Bayern ziehen zwischen Neujahr und Dreikönig als Sternsinger verkleidete Kinder von Haus zu Haus (rechts).

den heutigen Dom. Hier sollten die königlichen Gebeine eine würdige Bleibe finden, und zwar in einem wertvollen Goldschrein. Den Auftrag hierfür erhielt Nikolaus von Verdun, der bedeutendste Goldschmied jener Zeit. Er schuf zusammen mit zahlreichen Schülern und Gesellen den größten und figurenreichsten Reliquienschrein des Mittelalters, 1,50 Meter hoch, 1,10 Meter breit und 2,20 Meter lang. Der Dreikönigsschrein befindet sich heute im Chorraum und zählt zu den größten Kostbarkeiten des Kölner Domes.

Um ihren Segenswunsch zu unterstreichen, schreiben die Sternsinger an den Türstock mit geweihter Kreide C + M + B, was vom Volksmund als die Anfangsbuchstaben für Caspar, Melchior und Balthasar gedeutet wurde. In Wirklichkeit handelt es sich dabei aber um einen lateinischen Segenswunsch: Christus Mansionem Benedicat – Christus segne dieses Haus!

Die Verlegung der Reliquien an den Rhein trug wesentlich dazu bei, daß auch in unserer Heimat die drei Könige mehr und mehr verehrt wurden. Bemerkenswert ist dabei: Obgleich sie nie offiziell heiliggesprochen wurden, sprach man doch schon bald von den »Heiligen Drei Königen«. Man verehrte sie besonders als Patrone der Reisenden und Pilger. Daran erinnern noch heute Gasthäuser und Herbergen mit Namen wie »Zum Mohren«, »Zur Krone« oder »Zum Stern«. Einen besonderen Ausdruck fand die Verehrung der Heiligen Drei Könige bei uns im Brauchtum.

In Gottes Namen heben wir an,
die heiligen drei Könige sind wohlgetan.
Willkommen daher ohne allen Spott,
einen seligen Abend schenck euch Gott!
Einen seligen Abend, eine fröhliche Zeit,
verleih unser Vater im Himmelreich.

Mit Liedern wie diesem aus Niederbayern ziehen bei uns in den Tagen zwischen Neujahr und Dreikönig als Sternsinger verkleidete Kinder von Haus zu Haus. Nach altem Brauch singen die Sternsinger Dreikönigslieder und wünschen allen im Haus eine gute Zeit, ein glückseliges neues Jahr. Um ihren Segenswunsch zu unterstreichen, schreiben sie an den Türstock mit geweihter Kreide ihre Initialen C + M + B, die vom Volksmund als die Anfangsbuchstaben für Caspar, Melchior und Balthasar gedeutet wurden. In Wirklichkeit handelt es sich dabei aber um einen lateinischen Segenswunsch: Christus Mansionem Benedicat – Christus segne dieses Haus! Aus dem Chiemgau ist folgender Spruch überliefert, der während des Anschreibens der Buchstaben gesprochen wurde:

Die Heiligen Drei König aus dem Morgenland,
die haben das Glück in der hohlen Hand.
Balthasar treibt den Feind heraus,
der schwarze Kaspar weiht das Haus,
der Melchior macht Riegel und Verschluß,
daß die Weih' drinnen bleiben muß.

Die Sternsinger werden überall freudig erwartet, weil man glaubt, daß sie Glück ins Haus bringen. Es soll auch der Saat guttun, wenn sie über die Felder gehen.
Bei den Umzügen der Sternsinger handelt es sich um Reste mittelalterlicher Dreikönigsspiele, die in Klöstern und Kirchen aufgeführt wurden. Der heutige Sternsingerbrauch, der auch im norddeutschen Raum gepflegt wird, läßt sich bis in die Mitte des 16. Jahrhunderts zurückverfolgen.
In manchen Gegenden war früher das Sternsingen bestimmten Berufsgruppen vorbehalten. So stand dieses Recht in Laufen nur den Schiffsleuten zu, in Freising den Leinewebern und im Münchner Stadtteil Au den Maurern. Das Sternsingen war eben

Die Umzüge der Sternsinger auf dem Land gehen auf mittelalterliche Dreikönigsspiele zurück und sind in der verschneiten Winterlandschaft, wie hier bei Bad Aibling, sehr stimmungsvoll.

Als das Sternsingen in eine reine Bettelei ausartete, wurde die alte Sitte von seiten des Staates verboten und schließlich im letzten Jahrhundert ganz abgeschafft. Nach dem Zweiten Weltkrieg erlebte der schon fast vergessene Brauch einen neuen Aufschwung.

schon immer recht einträglich. Als das Sternsingen in eine reine Bettelei ausartete, wurde die alte Sitte von seiten des Staates verboten und schließlich im letzten Jahrhundert ganz abgeschafft. Nach dem Zweiten Weltkrieg erlebte der schon fast vergessene Brauch einen neuen Aufschwung. Die heutigen Sternsinger behalten das, was sie auf ihrem Rundgang geschenkt bekommen, meist nicht für sich, sondern geben alles für einen karitativen Zweck. Dadurch bekommt dieser alte Brauch einen neuen, zeitgemäßen Sinn.

Auf dem Lande war es früher auch Brauch, daß am Vorabend des Dreikönigstages, der letzten großen Rauhnacht, Haus, Stallungen und Scheunen mit Weihrauch ausgräuchert wurden. Mit dem Dreikönigswasser, dem man eine besonders große Segenskraft zuerkannte, wurden alle Räume besprengt, um alles Unheil abzuhalten.

Ein besonderer Dreikönigsbrauch hat sich in Hersbruck bei Nürnberg erhalten: Hier findet nach alter Tradititon am Dreikönigstag ein Hirtentreffen statt, das mit einem weit zu hörenden Peitschenknallen endet.

Im Bauernjahr hatte der Dreikönigstag einst eine große Bedeutung, denn bis in unser Jahrhundert galt er als Neujahrstag. So sprach man von »Großneujahr« oder »Oberneujahr«.

Mit dem Dreikönigstag geht die Weihnachtszeit endgültig zu Ende, die Tage werden nun, wie der Volksmund sagt, zunehmend länger:

> Auf Weihnacht um an Hahnatritt,
> auf Neujahr um an Mannderschritt,
> auf Drei König um an Hirschensprung,
> auf Lichtmeß um a ganze Stund.

BRAUCHTUMSFESTE IM JANUAR

1. Januar:
Neujahrsschießen im Berchtesgadener Land.
meist 1. Januar-Wochenende:
Großes Perchtentreffen im Rottal.

6. Januar:
Zum Dreikönigsfest (Epiphanias) in ganz Bayern Sternsingen.
»Kleine Rauhnacht« der Penzberger Beaschd'n (Perchten).

ab 6. Januar bis Faschingsdienstag:
Faschingsbeginn in Bayern.
Schäfflertanz in München (alle sieben Jahre; nächster Termin 1998)

meist am 3. Sonntag im Januar:
Schnablerrennen in Gaißach (Fasching).

Die heilig'n Drei König

1. Die heilig'n Drei König san hochgeborn,
sie reitn daher ja mit Stiefi und Sporn.
Sie reitn daher, zum fürstlichen Haus,
da schaut da Herodes beim Fenster heraus.

2. Kehrts ein, ja, kehrts ein, ihr Weisen drei,
i will euch gern gebn an Hafer und Heu,
i will euch gern sitzn wohl an meinen Tisch,
wenn ihr mir g'schwind sagt, wo das Christkindl is.

3. Gott Vata, Gott Sohn und Gott Heiliga Geist,
das ist die hochheilig Dreifaltigkeit.
Und wennst uns was gibst, so gib es uns bald,
wir müass'n no weiter, heraußtn is z'kalt.

Wie's im Februar der Brauch ist

Zur Erinnerung an den Besuch Marias im Tempel feiert die katholische Kirche das Fest Mariä Lichtmeß. An diesem Tag werden alle Kerzen feierlich geweiht.

Der Februar war im alten römischen Kalender der letzte Monat des Jahres. Wegen seiner Kürze fällt ihm alle vier Jahre der Schalttag zu. Mit dem Fest Mariä Lichtmeß am 2. Februar geht nach kirchlichem Kalender die Weihnachtszeit zu Ende. Bis Ende 1912 war dieses Fest, an dem die Kirche der Darbringung Jesu durch Maria im Tempel gedenkt, bei uns ein richtiger Feiertag. Nach alter Sitte werden noch heute am Lichtmeßtag die Kerzen und Wachsstöcke geweiht.
Über die kirchliche Feier hinaus kam diesem Marienfest früher auf dem Land noch eine herausragende weltliche Bedeutung zu: An diesem Tag ging das bäuerliche Arbeitsjahr zu Ende. Um die Tage von Mariä Lichmeß konnten die Dienstboten ihre Stellung wechseln: Sie konnten »schlenkeln«.
Der 3. Februar bringt das Namensfest des heiligen Blasius. In der Kirche wird den Gläubigen der Blasiussegen erteilt, der gegen Halskrankheiten schützen soll.
Gegen Ende dieses Monats kommt der Fasching immer mehr in Schwung. In den letzten Faschingstagen beherrschen die Narren die Szene auf Straßen und Plätzen. In vielen Faschingsbräuchen wird dem Winter der Kampf angesagt: Mit viel Lärm will man ihn allerorten vertreiben oder verbrennen.

Kerzenweihe am Lichtmesstag

Vierzig Tage nach Weihnachten, am 2. Februar, feiert die katholische Kirche zur Erinnerung an den Besuch Marias im Tempel das Fest Mariä Lichtmeß. An diesem Tag werden von alters her die Kerzen feierlich geweiht, und zwar der gesamte Jahresbedarf einer Kirche. Neben den Altarkerzen erhalten auch alle Kerzen und Wachsstöckl, die die Gläubigen mitbringen, die kirchliche Weihe. Der Lichtmeßkerze wurde eine besonders große Weihe- und Segenskraft für Haus und Hof, Mensch und Vieh nachgesagt. Daher bekam auch jeder in der Familie am Lichtmeßtag etwas aus Wachs geschenkt: die Männer dicke, weiße Kerzen, die Frauen ein rotes oder weißes Wachsstöckl, die Kinder bunte Pfenniglichter (dünne, etwa 20 Zentimeter lange Kerzen).

Faschingstreiben am Faschingsdienstag in München.

Mit den Pfenniglichtern kannte man früher in der Oberpfalz folgenden Brauch: Neben den verschiedenen Kerzenarten wurde für jeden in der Familie ein Pfenniglicht besorgt. Wenn sich nach dem Abendessen die ganze Familie zum Rosenkranzgebet versammelte, wurde für jeden ein Pfenniglicht auf dem Tisch entzündet. Während des Gebetes verfolgten nun alle das Abbrennen der einzelnen Kerzen, denn nach altem Volksglauben sollte der als erster das Zeitliche segnen, dessen Kerze zuerst erlosch.
In einer Zeit ohne elektrischen Strom hatten Kerzen und Wachs eine heute kaum noch vorstellbare Bedeutung. Und so fehlte bei fast keinem Bauernhaus ein Bienenstock.

Das gelbe Rohwachs brachte man am Lichtmeßtag zum Wachszieher auf einem der Lichtmeßmärkte und tauschte es gegen seine Erzeugnisse. Besonders bekannt waren die Märkte in Mühldorf, Wasserburg und Eggenfelden.
Besonders begehrt auf den Wachs- und Lichtmeßmärkten waren neben den Kerzen Wachsstöckl in allen Variationen, oft kunstvoll verziert. Wachsstöckl waren einst ein beliebtes Geschenk bei vielen Gelegenheiten: zur Taufe, zur Erstkommunion und Firmung. Wachsstöckl zündete man bei Totenmessen und bei den Engelämtern im Advent auf der Betbank an.
Daran erinnern noch in manchen Kirchen schwarze Brandmäler auf den Bänken. Die Wachsstöckl dienten aber auch zur Abwehr von Hexen und Truden, vor denen sich einst Wöchnerinnen fürchteten. Besonders prächtige Wachsstöcke waren früher der Stolz einer jeden Braut. Sie durften in keinem Aussteuerschrank fehlen.
Ein schönes Wachsstöckl vom Lichtmeßmarkt konnte auch eine Magd von jenem Knecht erwarten, dem sie das Jahr über das Bett machte. Der »Aufbettstock« galt als Anerkennung für das Aufbetten, Kammerrichten und Wäschewaschen. Und gar oft spielte ein Wachsstöckl in einer Liebschaft eine große Rolle, was auch im folgenden Spruch zum Ausdruck kam:

Wachsstöckl waren einst ein beliebtes Geschenk bei vielen Gelegenheiten: zur Taufe, zur Erstkommunion und Firmung. Wachsstöckl zündete man bei Totenmessen und bei den Engelämtern im Advent auf der Betbank an. Daran erinnern noch in manchen Kirchen schwarze Brandmäler auf den Bänken. Die Wachsstöckl dienten aber auch zur Abwehr von Hexen und Truden, vor denen sich einst besonders Wöchnerinnen fürchteten.

> Dirn, i hab dir an Wachsstock gebn,
> jetzt muast mi mögn.

Alle Wachswaren wurden am Lichtmeßtag zuerst in die Kirche zum Weihen gebracht und erst dann verschenkt. Prachtvolle Wachsstöcke wurden gewöhnlich nicht angezündet, sondern im Glasschrank in der guten Stube zur Erinnerung aufbewahrt.
In den Tagen um Lichtmeß zeigt der Winter noch einmal sein wahres Gesicht. Doch der Volksmund ist sich sicher: »Wenn's zu Lichtmeß stürmt und schneit, ist der Frühling nicht mehr weit.« So überwiegt also in diesen Tagen die Zuversicht. Es geht nach dem Winter wieder »auswärts«.
Früher konnte man in den Tagen nach Lichtmeß schon viele häusliche Arbeiten bei Tageslicht ausführen. Die Leute sagten: »Maria blast's Licht aus, Michel (29. September) zünd's wieder an« und: »An Lichtmeß muß man die Suppe bei Tag essen.«

Schlenkeln zu Lichtmess

Mariä Lichtmeß war früher im Bauernkalender ein besonders wichtiges Datum und bis 1912 in Bayern gesetzlicher Feiertag. An diesem Tag endete immer ein Arbeitsjahr. Am Lichtmeßtag wurde, in der Regel mündlich, ein neuer »Dienstvertrag« abgeschlossen und den Knechten und Mägden der gesamte Lohn für das vergangene Jahr ausbezahlt. Eine wöchentliche oder monatliche Gehaltszahlung war noch unbekannt. Gemessen an heutigen Gehaltsvorstellungen war der Jahreslohn allerdings mehr als

BAUERN- UND WETTERREGELN

Wenn's an Lichtmeß (2. Februar) stürmt und schneit,
ist der Frühling nicht mehr weit.

Segnet man die Kerzen im Schnee,
weiht man die Palmen im Klee.

Viel Regen im Februar,
viel Regen im ganzen Jahr.

Sonnt sich die Katz im Februar,
muß sie zum Ofen im März sogar.

Wenn's der Februar gnädig macht,
bringt der Lenz den Frost bei Nacht.

Am Matheistag (24. Februar) geht der Fuchs
das letzte Mal übers Eis;
denn Matheis bricht's Eis.
Hat er kein's, dann macht er ein's.

Der Februar baut manche Brück,
der März bricht ihnen das Genick.

Ist's an Petri Stuhlfeier (22. Februar) kalt,
so hat der Winter noch lange Halt.

Wenn im Februar die Mücken spielen,
muß der März den Winter fühlen.

Früher brachte man das Rohwachs zum Wachszieher auf einem der Lichtmeßmärkte und tauschte es gegen die eigenen Erzeugnisse ein. Bekannt waren die Märkte in Mühldorf, Eggenfelden und in Wasserburg (im Bild).

dürftig. So hatte ein Großknecht um die Jahrhundertwende einen Jahreslohn von 100 Mark, eine gute Magd bekam 85 Mark. Im Lohn waren auch freie Kost und Wohnung auf dem Hof während des Jahres inbegriffen. Dazu gab es noch Wäsche und Kleidungsstücke.

Nach altem Brauch konnten sich die »Ehhalten«, wie die Knechte und Mägde genannt wurden, in den Tagen um Lichtmeß eine neue Stelle bei einem Bauern suchen: Sie durften »schlenkeln«. Aus der Oberpfalz ist das folgende Lichtmeßlied bekannt:

Klaub zam deine Hadern,
klaub zam deine Fleck.
Jetzt wird's bald heißen,
vom Bauern mußt weg.
Heut is a schöner Tag,
singen die Meisen.
Heut ist der Lichtmeßtag,
müssen wir verreisen.

Auszüge aus einem sogenannten Dienstbotenbuch von 1898 aus Niederbayern. Vergleichbar dem heutigen »Führungszeugnis«, schrieb der Bauer hier seine Beurteilung der Magd oder des Knechtes nieder.

Wollte einer der Dienstboten seinen Arbeitsplatz verlassen, so mußte ihm der Bauer ein »Führungszeugnis« ausstellen. Dabei handelte es sich meist um einen recht knappen Eintrag im Dienstbotenbuch, etwa: »Hat immer fleißig und willig gearbeitet und war ehrlich.«

Gründe für einen Wechsel des Arbeitsplatzes an Lichtmeß waren oft Schwierigkeiten im Zusammenleben zwischen der Bauers-

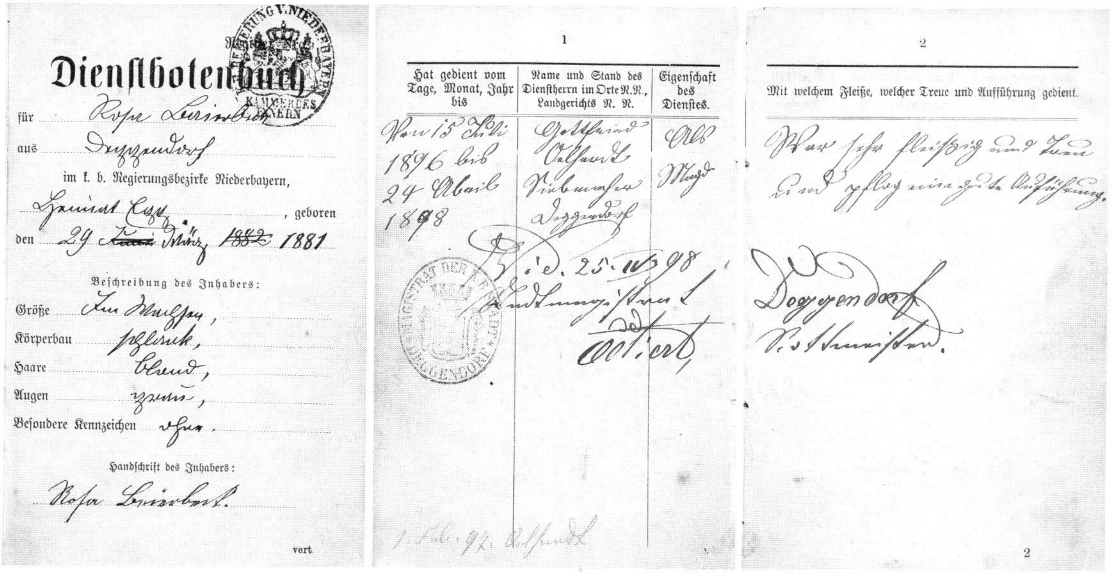

Dienstbotenbuch

für

aus

im k. b. Regierungsbezirke Niederbayern,

, geboren

den 29 März 1881

Beschreibung des Inhabers:

Größe

Körperbau

Haare

Augen

Besondere Kennzeichen

Handschrift des Inhabers:

vert.

1

Hat gedient vom Tage, Monat, Jahr bis	Name und Stand des Dienstherrn im Orte N. N., Landgerichts N. N.	Eigenschaft des Dienstes.
Vom 15 Juli 1896 bis 24 April 1898		Magd

2

Mit welchem Fleiße, welcher Treue und Aufführung gedient.

Deggendorf

2

familie und den Dienstboten, aber auch eine unbefriedigende Arbeitsmoral der Knechte und Mägde. Nicht wenige Ehhalten klagten nicht zu Unrecht über die Kost, die oft recht knapp bemessen war und nicht schmeckte. Ihrem Ärger machten sie daher mit einem Spottvers Luft:

Mit dene Knödl und Sauerkraut,
da habts mi bald vertriebn.
Waar's a bisserl besser gwen,
na waar i wieder bliebn.

Wer von den Dienstboten wechseln wollte oder auch mußte und nicht schon das Jahr über eine neue Stelle gefunden hatte, konnte sein Glück auf »Schlenkelmärkten« versuchen, die an größeren Orten abgehalten wurden. Damit verbunden war meistens ein großer Vieh- und Roßmarkt. Auf den Schlenkelmärkten fanden sich auch die Bauern ein, die nach Knechten und Mägden Ausschau hielten. Waren sich ein Bauer und ein Dienstbote handelseins geworden, erhielt der neueingestellte Arbeiter ein »Schlenkelgeld«, das zu Beginn unseres Jahrhunderts 5 Mark betrug. Dieses Geld sollte für die meist sehr armen Dienstboten eine kleine Starthilfe sein. Immer wieder kam es freilich auch vor, daß ein listiger Knecht seinen Dienst nach Empfang des Handgeldes nicht antrat und der Bauer das Nachsehen hatte.

Wer von den Dienstboten wechseln wollte oder auch mußte und nicht schon das Jahr über eine neue Stelle gefunden hatte, konnte sein Glück auf »Schlenkelmärkten« versuchen, die an größeren Orten abgehalten wurden. Damit verbunden war meistens ein großer Vieh- und Roßmarkt. Auf den Schlenkelmärkten fanden sich auch die Bauern ein, die nach Knechten und Mägden Ausschau hielten. Waren sich ein Bauer und ein Dienstbote handelseins geworden, erhielt der neueingestellte Arbeiter ein »Schlenkelgeld«, das zu Beginn unseres Jahrhunderts 5 Mark betrug. Dieses Geld sollte für die meist sehr armen Dienstboten eine kleine Starthilfe sein. Immer wieder kam es freilich auch vor, daß ein listiger Knecht seinen Dienst nach Empfang des Handgeldes nicht antrat und der Bauer das Nachsehen hatte.

An Mariä Lichtmeß schloß sich für alle Dienstboten eine arbeitsfreie Zeit von vier bis fünf Tagen an, die nach altem bayerischen Recht allen zustand. In dieser »Urlaubszeit«, der »Schlenkelweil«, war auf den Straßen und Wegen mitunter reger Verkehr, wenn die neue Magd mit ihrem Sach, das sie in einer Truhe hatte, von einem Knecht oder auch vom Bauern persönlich zum neuen Hof gebracht wurde. Wer nicht schlenkelte und weiterhin auf dem Hof blieb, genoß die arbeitsfreien Tage, brachte Wäsche und Kleidung in Ordnung, machte einen Besuch bei Eltern und Geschwistern oder – und das war auch nicht selten – vertrank seinen Jahreslohn. So waren zur Schlenkelweil die Wirtshäuser voll. Es war ja auch Faschingszeit.

Wenns Liachtmessn werd

1. Wenns Liachtmessn werd, is da Auswärts net weit,
da kimmt aber nacha de allascheenste Zeit.
De Wasserl, de rinna und s Gras spitzt scho raus,
an Winter sei Herrschaft is aus.

2. Gell Bauer, bei dir tuats ma gar nimma taugn,
iatz muaß i mir hoit um was anders umschaugn.
Iatz geh i hoit furt auf an ganz fremden Platz,
pfüa Gott du, mei herzliaba Schatz.

3. Wenn d Liachtmeßn kimmt, stellt ma s Spinnradl
auf d Seit,
daß i schlenkln muaß geh, ha mi scho so viel greit.
Und s Denadl is weiß wia da draußn da Schnee
und s Herzal, des tuat eahm hoit weh.

4. Auf d Nacht hams na eahnane Kerzn okennt,
an Ehnl des sei hat hoit am längsten no brennt.
Und s Deandl, des hat si des Zacherl agwischt,
an Deandl sei Liachtl verlischt.

»Einblaseln« am Blasiustag

»Einblaseln« am Blasiustag, dem 3. Februar. Dazu hält der Priester zwei gekreuzte brennende Kerzen an den Hals des Gläubigen.

Am 3. Februar steht im Heiligenkalender der Name des heiligen Blasius. Er war Bischof von Sebaste in Armenien und starb nach grausamen Quälereien durch Enthauptung den Martertod. Das war im Jahre 316. Obwohl über sein Leben und Wirken keine weiteren gesicherten Erkenntnisse vorliegen, erfreute sich der Heilige schon im Mittelalter einer innigen Verehrung. So reihte man ihn in die Schar der 14 Nothelfer ein, also jener Heiligen, denen man in besonderer Weise vertraute.
Der heilige Blasius wird bei Halsleiden aller Art und bei Zahnschmerzen angerufen, denn nach der Legende soll er einst einem Buben das Leben gerettet haben, als dieser an einer Fischgräte zu ersticken drohte. Zur Erinnerung daran wird an seinem Namensfest in den Kirchen der Blasiussegen erteilt. Der Volksmund sagt: »Es wird eingeblaslt.« Der Priester hält dabei zwei gekreuzte brennende Kerzen an den Hals der Gläubigen und spricht dazu:

Durch die Fürbitte des heiligen Bischofs und
Märtyrers Blasius wolle dich Gott befreien von

Buntes Faschingstreiben auf der Firstalm im Spitzinggebiet. Am Faschingssonntag trifft man sich in den Alpen kostümiert auf der Piste.

jeglichem Übel des Halses, im Namen des Vaters
und des Sohnes und des Heiligen Geistes. Amen.

Der Heilige galt aber nicht nur als Helfer bei Halskrankheiten, sondern auch bei Zahnweh, Koliken und Geschwüren sowie bei der Pest. Im Mittelalter vertraute man der Fürbitte des heiligen Blasius auch die Haustiere an. So kam es zu dem Brauch, sie am Blasiustag mit geweihtem Wasser zu besprengen.
Unter Bezugnahme auf die vielen Legenden erwählten die Hutmacher und Weber sowie die Blasmusikanten den Bischof aus dem fernen Armenien zu ihrem Patron.

Winteraustreiben beim Aperschnalzen

Das Winteraustreiben ist ein Brauch, der sich schon bei unseren Vorfahren größter Beliebtheit erfreute. Und daran hat sich bis heute nichts geändert. Auf recht laute Weise geschieht das Verjagen des verhaßten Winters bekanntlich in vielen unserer Faschingsbräuche. Im Voralpenland und in vielen Gebirgsgegenden kennt man das »Aperschnalzen«, das zum Vorfrühling überleitet. Das Wort »aper«, althochdeutsch »apir«, bedeutet unbe-

deckt oder offen und weist hin auf die bereits vom Schnee freigelegten Stellen in Wiesen und Feldern. Bekannt ist die Redensart: »Es wird aper!« Der Schnee schmilzt, allmählich gewinnt der Frühling die Oberhand über den Winter.
Zentren des Aperschnalzens, das alljährlich von Dreikönig bis Lichtmeß durchgeführt wird, sind der Rupertiwinkel und der österreichische Salzachgau. Hier versammeln sich abwechselnd die ledigen Burschen aus Bayern und Österreich, um den Winter endgültig zu vertreiben und die Wachstumsgeister aufzuwecken.

Die Schnalzer erzeugen mit Peitschen, »Goaßln«, die bis zu sechs Meter lang sein können, einen Höllenlärm, um so symbolisch die Winterunholde und den Schnee zu vertreiben. Und das geschieht nach alter Tradition im Rahmen eines Wettbewerbs zwischen einzelnen »Passen«. Das sind Gruppen von sieben, neun oder auch elf Schnalzern.

Die Schnalzer erzeugen mit Peitschen, die »Goaßln« heißen und bis zu sechs Meter lang sein können, einen Höllenlärm, um so symbolisch die Winterunholde und den Schnee zu vertreiben. Und das geschieht nach alter Tradition im Rahmen eines Wettbewerbs zwischen einzelnen »Passen«. Das sind Gruppen von sieben, neun oder auch elf Schnalzern.
Beim Preisschnalzen nehmen die teilnehmenden Passen auf einem großen Platz oder auf freiem Feld in langen Reihen Aufstellung, und zwar in einem Abstand von gut zehn Metern. An der Spitze einer jeden Passe steht ein »Aufdraher«. Er gibt das Kommando zum »Schnöllen«. Da die einzelnen Schnalzer einer Passe verschieden lange Peitschen haben, lassen sich recht unterschiedliche Töne erzeugen. Was dabei besonders wichtig ist: Die Goaßln haben weiße Enden aus reiner Seide und werden zudem noch »gepechelt«, also in Pech getränkt. Die Goaßln sind an einem kurzen Holzstiel befestigt.
Und so wird der gewaltige Lärm erzeugt: Die jungen Burschen bringen mit viel Geschicklichkeit und auch Kraftaufwand die lange Goaßlschnur über den Köpfen zum Schwingen, immer höher und höher, bis durch eine plötzliche Gegenbewegung ein pistolenartiger, scharfer Knall erzeugt wird.
Beim Preisschnalzen tritt jede Passe nach einer genau festgelegten Wettkampfordnung einzeln auf. Eine Jury aus sieben Preisrichtern nimmt die Punktewertung vor. Besonders genau achtet sie dabei auf den akustischen Eindruck. Den Höhepunkt einer jeden Veranstaltung bildet immer ein

Maskentreiben in München auf dem Viktualienmarkt.

großer »Pasch«, an dem sich alle 500 bis 600 Schnalzer beteiligen. Auf ein Kommando bringen sie alle ihre Goaßln zum Schwingen und erzeugen so einen höllischen Lärm, der ein gewaltiges Echo auslöst. Und dabei zeigt sich ganz deutlich, daß es sich beim Aperschnalzen um einen Vorfrühlingsbrauch handelt, in dem noch Vorstellungen aus vorchristlicher Zeit mitschwingen.

Maskentreiben auf den Strassen

Die närrische Zeit, die im Rheinland Karneval, in Bayern aber Fasching heißt, dauert zwischen 28 und 63 Tagen, und zwar von Dreikönig bis zum Aschermittwoch. Sie kann frühestens am 4. Februar enden und spätestens am 10. März, was die unterschiedliche Länge erklärt. So richtig auf Touren kommt der Fasching alljährlich in seiner Endphase. In den ersten Wochen tritt er nach außen kaum in Erscheinung, die Ballveranstaltungen finden in geschlossenen Räumen statt. Hier sind die »Faschingsgeher«, vor allem wenn sie maskiert sind, von der breiten Öffentlichkeit abgeschirmt.
Diese Zurückhaltung ändert sich in den letzten Faschingstagen. Nun lassen sich die Narren auch auf den Straßen und Plätzen ganz ungeniert sehen. Und das ist auch der Startschuß für eine Vielzahl von Bräuchen in Stadt und Land, die sich natürlich regional unterscheiden. Der Fasching hat eben überall zwischen den weißblauen Grenzpfählen ein anderes Gesicht. Die närrischen Tage beginnen mit dem Donnerstag vor dem Faschingssonntag, der im Volksmund »Unsinniger Donnerstag« oder »Gumpater Donnerstag« oder auch, wie in der Oberpfalz, »Nascher Pfingsta« heißt.
Im Geigenbauerort Mittenwald sind es die »Schellenrührer«, die an diesem Tag ihren großen Auftritt haben. Das sind junge Burschen - verheiratete Männer dürfen nicht mitmachen -, und Männer, die, in der heimischen Werdenfelser Tracht mit weißem Hemd, kurzer Lederhose, weißen Wadlstrümpfen und grünem Velourhut in Gruppen nach dem 12-Uhr-Läuten durch den Ort ziehen. Ihr Gesicht verstecken sie hinter einer kunstvoll geschnitzten, bunt bemalten Holzlarve. Der Name »Schellenrührer« kommt von den Kuhglocken her, die sie um den Leib gebunden tragen. Es sind drei bis fünf große und kleinere Glokken aus Eisen, die zusammen bis zu 50 Pfund wiegen können. Damit ziehen sie in geschlossener Formation in einem überaus sonderbaren rhythmischen Hüpfschritt durch die Straßen, so

»Schellenrührer« in Mittenwald (oben) und »Moosgeister« in Erding (unten).

daß sie die blechernen Schellen zum Klingen bringen. Voran geht der Gruppe ein Vortänzer, der in lange, weiße, gefranste Tücher gehüllt ist und eine Mädchenlarve trägt. Mit beiden Händen schwingt er einen Bogen aus Fichtenreisern und hüpft im Wechselschritt hin und her. So gibt er den Schellenrührern den Takt, die bei ihren Sprüngen die umgehängten Glocken erklingen lassen.

Neben den Schellenrührern ziehen am Unsinnigen Donnerstag auch die »Jacklschutzer« durch Mittenwald, den bekannten Geigenbauerort am Fuß des Karwendelgebirges. Die Jacklschutzer sind vier Burschen mit gehäkelten Larven vor dem Gesicht. Ihren Namen haben sie von der ausgestopften, lebensgroßen Puppe, die sie mit einem ausgespannten Tuch immer wieder in die Höhe schnellen lassen. Dabei rufen sie lautstark:

Oans, zwoa, drei! Jackl, hupf auf d'Höh,
unt' am Boden fressen di d'Flöh!

Neben den Schellenrührern ziehen am Unsinnigen Donnerstag auch die »Jacklschutzer« durch den bekannten Geigenbauerort am Fuß des Karwendelgebirges. Die Jacklschutzer sind vier Burschen mit gehäkelten Larven vor dem Gesicht. Ihren Namen haben sie von der ausgestopften, lebensgroßen Puppe, die sie mit einem ausgespannten Tuch immer wieder in die Höhe schnellen lassen. Dabei rufen sie laut:

> Oans, zwoa, drei! Jackl, hupf auf d'Höh,
> unt' am Boden fressen di d'Flöh!

In Dorfen im Landkreis Erding bestimmen am Unsinnigen Donnerstag die »Hemadlenzen« das Straßenbild. Ihren Namen haben sie von den langen Nachthemden, mit denen sie bekleidet sind. So ziehen am Vormittag bis zu tausend Maskierte mit Musik durch die Straßen der Stadt. Am Höhepunkt ihres Treibens hängen sie schließlich einen »Hemadlenz« – das ist eine lebensgroße Strohpuppe – an einem Galgen auf und verbrennen ihn. Mit ihrer spektakulären Aktion wollen die Hemadlenzen dem verhaßten Winter das Lebenslichtlein ausblasen, ähnlich wie die Jacklschutzer, denn die Puppe, die sie hochschnellen lassen, verkörpert die kalte Jahreszeit. Die Schellenrührer suchen dasselbe Ziel mit dem Lärm ihrer Glocken zu erreichen: Sie wollen das Gute, den Frühling, wecken und das Böse, den Winter, vertreiben.

In Hemau in der nördlichen Oberpfalz eröffnen alljährlich als Frauen verkleidete Männer den Fasching in der Stadt. Singend ziehen sie mit einer »Kirm«, einem geflochtenen Korb, auf dem Rücken von Wirtshaus zu Wirtshaus und verkünden den Faschingsbeginn.

In Altmühltal sind es die »Fasenickl«, die vom Unsinnigen Donnerstag an peitschenknallend durch die Orte Enkering, Kinding und Kipfenberg ziehen und symbolisch den Winter aus-

Eine »Perchten«-Maske aus Kirchseeon (rechts); die Bercht oder Percht ist eine mythische Gestalt in Volksglauben und Brauchtum, die eine Schar dämonischer Masken beim »Perchtenlauf« anführt.

treiben wollen. Bei den Fasenickl handelt es sich um Burschen und Männer, die vor dem Gesicht Schemenmasken tragen, die keineswegs furchterregend sind.
Ganz chinesisch wird's am Unsinnigen Donnerstag in Dietfurt an der Altmühl beim alljährlichen »Chinesenfasching«. Das schmucke Städtchen ist an diesem Tag außer Rand und Band, hält doch der Chinesenkaiser »Daa-Booda-Waschy« seinen großen Einzug. In seinem Gefolge geben sich Kulis, Mandarine, Lakaien und Opiumschmuggler ein buntes Stelldichein. Alles ist an diesem Tag in Dietfurt auf den Beinen beim großen Festzug am Nachmittag, einer Gaudi mit etwa tausend Mitwirkenden und bis zu fünfzig Gruppen. Und damit die Stimmung bei klirrender Kälte nicht einfrieren kann, wird Reisschnaps serviert.
In der schwäbischen Herzogsstadt Lauingen an der Donau steht am Gumpigen Donnerstag eine Hexe im Mittelpunkt des närrischen Treibens. Die Faschingsgaudi beginnt erst in den Abendstunden, wenn es schon dunkel wird in den Straßen und Gassen. Nun wird vom Wahrzeichen der Stadt, dem Schimmelturm, eine Strohpuppe abgeseilt und unter dem Jubel der Zuschauer verbrannt. Es ist die Hexe »Barbara Schetgoschin«, die als Winterhexe den Feuertod sterben muß. Dieser Faschingsbrauch dürfte einer der ältesten in Bayern sein, wird er doch bereits im Jahre 1582 in einer Urkunde erwähnt.

In der schwäbischen Herzogsstadt Lauingen an der Donau steht am Gumpigen Donnerstag eine Hexe im Mittelpunkt des närrischen Treibens. Die Faschingsgaudi beginnt erst in den Abendstunden, wenn es schon dunkel wird in den Straßen und Gassen. Nun wird vom Wahrzeichen der Stadt, dem Schimmelturm, eine Strohpuppe abgeseilt und unter dem Jubel der Zuschauer verbrannt. Es ist die Hexe »Barbara Schetgoschin«, die als Winterhexe den Feuertod sterben muß.
Dieser Faschingsbrauch dürfte einer der ältesten in Bayern sein, wird er doch bereits im Jahre 1582 in einer Urkunde erwähnt.

Fortgesetzt wird das Narrentreiben an vielen Orten nach dem Unsinnigen Donnerstag am darauffolgenden Faschingssonntag. Bei Faschingsumzügen kommt es zu traditionellen Narrentreiben. Im oberfränkischen Effeltrich beherrschen an diesem Tag die »Faseleggen« das Straßenbild. Weiß gekleidet, mit einem Zylinder aus Buchsbaum auf dem Kopf, so ziehen sie ins benachbarte Baiersdorf, wo ein in Stroh gehüllter Bursche ausgepeitscht wird. Zuletzt wird die Strohhülle verbrannt und damit der Winter symbolisch vertrieben.
Nach einer nun schon jahrzehntelangen Tradition treffen sich am Faschingssonntag in den bayerischen Alpen vom Allgäu bis ins Berchtesgadener Land die Skifahrer zu einem zünftigen Maskentreiben. Verkleidet als Skihaserl, Haremsdamen, damische Ritter, Wilderer und Scheichs bevölkern sie die überfüllten Pisten. Am bekanntesten ist das Treiben auf der Firstalm.

Am Faschingsdienstag tanzen auf dem Münchner Viktualienmarkt die Marktfrauen. Bei diesem traditionellen Tanz handelt es sich um eine alte Form der »Weiberfasnacht«.

Einen letzten Höhepunkt erreicht der Fasching im Freien nach einem meist recht ruhigen Rosenmontag am Faschingsdienstag, an Fasenacht oder Fastnacht. Da schlüpfen in den Morgenstunden die Marktfrauen des Münchner Viktualienmarktes in Garderoben früherer Jahrzehnte und erfreuen sich und viele »Marktbesucher« mit ihren Tänzen. Bei diesem traditionellen Tanz handelt es sich um eine alte Form der »Weiberfasnacht«, denn die maskierten Standlfrauen tanzen entweder miteinander oder fordern die umstehenden Männer zum Tanzen auf. Wie auch bei den bekannten »Weiberkranzln«, die in den letzten Faschingstagen vielerorts abgehalten werden, herrscht auf dem Münchner Viktualienmarkt absolute »Damenwahl«.
In den letzten Stunden der Fasenacht zieht es das närrische Volk nochmals in die Wirtshäuser zum Kehraus. Da und dort endet dieser recht theatralisch: In einer pseudoliturgischen Zeremonie wird unter dem Wehklagen der Gäste der Fasching »begraben«. Einer Sarg-Attrappe folgt ein »Priester«, der eine herzerweichende Trauerrede hält. Und damit findet der Fasching auch ein sichtbares Ende.

Der Münchner Schäfflertanz

Nach jahrhundertealter Tradition tanzen die Münchner Schäffler, jener heute fast ausgestorbene Handwerkerstand, nur alle sieben Jahre. Früher war es üblich, daß sie ihren ersten Tanz vor dem regierenden Fürstenhaus aufführten. An diese Tradition knüpfen die Schäfflergesellen noch heute an, wenn sie die Serie ihrer zahlreichen Darbietungen - je nach Länge des Faschings sind es 350 und 450 - am Dreikönigstag vor dem bayerischen Ministerpräsidenten in der Staatskanzlei beginnen.
Der Schäfflertanz erinnert an eine düstere Zeit in der Stadtgeschichte, als im Jahr 1517 die Pest, wie viele andere Städte Europas, auch München heimsuchte. Der »Schwarze Tod« verschonte kein Haus der Stadt und hielt eine erschreckende Ernte. Aus Angst vor Ansteckung wagte sich niemand mehr auf die Straße. Das Leben der Stadt war gleichsam ausgestorben.
Als die furchtbare Seuche endlich abzuklingen schien, waren nach der Überlieferung die Schäffler die ersten, die sich wieder hinauswagten. Um die Leute etwas abzulenken, führten sie ihren traditionellen Zunfttanz auf und machten so den verängstigten Münchner Bürgern wieder Mut. Der Bann des Todes war gebrochen, die Menschen begannen wieder zu hoffen.

Tanz der Schäffler vor dem Münchner Rathaus. Der traditionelle Tanz der Böttcherzunft wird alle sieben Jahre aufgeführt.

Zum Dank und zur Erinnerung an die schreckliche Pest ordnete der bayerische Herzog Wilhelm IV. an, daß die Schäffler ihren Tanz auch in Zukunft aufführen sollten. Und diesem herzöglichen Auftrag kommen die Schäffler, seit 1760 nachweislich im siebenjährigen Turnus, bis heute nach: In der Faschingszeit führen sie, angetan mit hellroten Wämsen, schwarzen Hosen, weißen Strümpfen, grünen Mützen und einem ledernen Schurz, um ein geschmücktes Faß Bier ihren Figurentanz auf. Zu den Klängen einer Blaskapelle schwingen sie ihre grünen Buchsreifen, während sich der Vortänzer auf das Faß stellt und eine respektable artistische Leistung zu vollbringen hat: Zu dem von den Bläsern intonierten Lied »Aber heit is kalt, aber heit is kalt, aber heit is sakramentisch kalt…« schwenkt er zwei Faßreifen, in denen ein bis zum Rand gefülltes Glas Schnaps liegt, von dem kein Tropfen verloren gehen darf. Nicht fehlen dürfen bei den Auftritten die zwei Hanswurste, die dafür zu sorgen haben, daß den zahlreichen Zuschauern bei oft grimmiger Kälte das Lachen nicht eingefriert. Zur Belustigung aller beschmieren sie die Gesichter der jungen Mädchen mit Ruß, indem sie ihnen liebkosend einen Backenstreich geben. Ihren Reifentanz führen die Schäffler zehn bis zwölfmal pro Tag auf und tanzen dabei mehr als ein Paar Schuhe durch – zur Freude der Münchner und der vielen Gäste.

Zum Dank und zur Erinnerung an die schreckliche Pest ordnete der bayerische Herzog Wilhelm IV. an, daß die Schäffler ihren Tanz auch in Zukunft aufführen sollten. Und diesem herzöglichen Auftrag kommen die Schäffler, seit 1760 nachweislich im siebenjährigen Turnus, bis heute nach.

Faschingsschlemmerei vor der Fastenzeit

In der Zeit, als die Fastenzeit noch streng beachtet wurde, wollte man es sich in den letzten Tagen des Faschings noch einmal gutgehen lassen und, was man nicht immer konnte, sich richtig satt essen. Heute hat sich da vieles geändert: Das Fasten aus religiösen Gründen ist aus der Mode gekommen, es sei denn, man unterzieht sich freiwillig einer Fastenkur, um einige überflüssige Pfunde loszuwerden oder den Körper zu »entschlacken«. In einer Zeit, als es nur einmal in der Woche, am Sonntag, Fleisch zu essen gab, als man die Fastenzeit noch wirklich ernst nahm, waren die letzten Faschingstage eine willkommene Gelegenheit, um es sich noch einmal richtig schmecken zu lassen. Die »fetten« Tage begannen mit dem Samstag vor dem Faschingssonntag. An diesem Tag wurden von der Bäuerin Un-

Am Tag vor dem Faschingssonntag wurden von der Bäuerin Schmalznudeln gebacken. Aus diesem Brauch entstand der Name »Schmalziger Samstag«.

mengen von Faschingskrapfen und Faschingsküchl (Ausgezogene) gebacken, die sich dann in der Speisekammer auftürmten. In Anbetracht der Schmalznudeln, die aus der Küche dufteten, hat dieser Tag den Beinamen »Schmalziger Samstag« bekommen.
Schmalznudeln, die es heute das ganze Jahr über in den Bäckereien gibt, kamen natürlich auch an den folgenden Tagen bis zur Fasnacht reichlich auf den Tisch, was auch zu dem bekannten Kinderreim führte:

Lustig is die Fasenacht,
wenn mei Mutter Küachl bacht,
wenn sie aber keine bacht
pfeif ich auf die Fasenacht.

Zu einer richtigen Fastnacht gehörten aber nicht nur fette Nudeln, es durften auch allerlei Fleischspeisen nicht fehlen. In Franken läßt man sich daher noch heute Schweinefleisch, Blut- und Leberwürste schmecken. Ein alter Volksglaube besagt, daß man auf keinen Fall Wasser trinken oder eine Suppe essen soll, weil man sonst im Sommer von den Fliegen und Schnaken gebissen wird. In Feuchtwangen meint man, daß derjenige, der an Fasenacht Wasser trinkt, das ganze Jahr Durst hat. Wer aber Würste und Brezen ißt und Schnaps trinkt, der soll das ganze Jahr genügend haben und gesund bleiben. Die Schlemmerei sowie das närrische Treiben in den letzten Faschingstagen waren der katholischen Kirche früher keineswegs ein Dorn im Auge. Man sah die ausschweifenden Tage vor dem Aschermittwoch als sinnvolle Alternative zu den folgenden 40 Buß- und Fasttagen vor Ostern. Mehr als heute wurden die durch das Kirchenjahr gegebenen Einschnitte im Jahreslauf beachtet. So kam es zu einer natürlichen Spannung von Ausgelassenheit und Besinnung, von Gaumenfreuden und Enthaltsamkeit.

BRAUCHTUMSFESTE IM FEBRUAR

2. Februar:
Kerzenweihe am Lichtmeßtag.
Lichtmeßmärkte in Mühldorf, Wasserburg und Eggenfelden.
»Schlenkeln«: Wechseln der Stellung durch die Knechte und Mägde auf den Bauernhöfen.

3. Februar:
»Einblaseln« am Blasiustag, Namensfest des hl. Blasius.

2. Februarwoche:
Roßmarkt in Berching im Altmühltal.
»Goaßl-Schnalzen« im Rupertiwinkel (»Aperschnalzen«).

Donnerstag vor Aschermittwoch (»Unsinniger Donnerstag«):
»Machtübernahme« in den Rathäusern Bayerns.
»Jacklschutzen« und »Schellenrühren« in Mittenwald und Garmisch-Partenkirchen.
»Hemadlenzen« in Dorfen.
»Fasenickl« im Altmühltal (Enkering, Kinding, Kipfenberg).
»Chinesenfasching« in Dietfurt im Altmühltal.
Mindelheimer Fasnacht.
Hexentreiben in Lauingen an der Donau.

Faschingssonntag:
»Faseleggen« in Effeltrich.
Skifasching auf der Firstalm im Spitzinggebiet.

Faschingsdienstag:
Tanz der Standlfrauen am Viktualienmarkt in München.
Kehraus in den Wirtshäusern.

Aschermittwoch:
»Einascherln« in den katholischen Kirchen.
Geldbeutelwaschen am Münchner Fischbrunnen auf dem Marienplatz.

Wie's im März der Brauch ist

Vielerorts wird am Aschermittwoch der alte Brauch wieder neu belebt, den im Fasching arg beanspruchten Geldbeutel zu waschen. Dies geschieht am schönen Fischbrunnen (rechte Seite) vor dem Münchner Rathaus auf dem Marienplatz.

Nach dem römischen Kalender begann das neue Jahr am 1. März. Der Monat wurde nach dem Kriegsgott Mars benannt. Der März ist der erste Frühlingsmonat, denn nach dem Kalender endet der Winter am 21. März. Aus vielen Bräuchen spricht die Freude über das Ende der kalten Jahreszeit und das sich zeigende neue Wachstum. In Altbayern, im Allgäu und in Tirol, werden noch mancherorts am 1. Fastensonntag, dem »Funkensonntag«, weithin sichtbare »Funkenfeuer« abgebrannt.

Der März ist auch der Fastenmonat. Die heutigen Fastengebote erlauben freilich keinen Vergleich mit den einst von der Kirche erlassenen Vorschriften. Nach altem Brauch wird in Dietfurt im Altmühltal an den Donnerstagen vor den Fastensonntagen ein Ölbergspiel aufgeführt und in ergreifenden Liedern das Leiden des Herrn besungen.

Ganz im Gegensatz zur Besinnlichkeit der Fastenzeit stehen die vielen Starkbierfeste, die in den Tagen vor Ostern in Stadt und Land veranstaltet werden. Nach jahrhundertealter Tradition wird dabei hochprozentiges Bier ausgeschenkt. Das bekannteste der Münchner Starkbiere ist der »Salvator«, der auf dem Nockherberg zum Ausschank kommt. Das einst von Mönchen gebraute Starkbier stellte, auch nach kirchlicher Meinung, keinen Verstoß gegen das strenge kirchliche Fastengebot dar.

»Einascherln« am Aschermittwoch

Ganz im Kontrast zur Ausgelassenheit der letzten Faschingstage steht der Aschermittwoch, mit dem die närrische Zeit endet. Mit ihm beginnt die Fastenzeit, die bis Ostern, insgesamt also 40 Tage, dauert. Nach altem Brauch, der bis ins 11. Jahrhundert zurückreicht, gehen die Gläubigen an diesem Tag zum »Einascherln« in die Kirche: Der Priester legt ihnen geweihte Asche auf die Stirn und erinnert sie mit folgenden Worten an die Vergänglichkeit des Daseins: »Gedenk, o Mensch, daß du Staub bist und zum Staub wieder zurückkehren wirst!«

Die geweihte Asche galt früher als hilfreich gegen Kopfweh und gut für Acker und Garten. Deshalb streute man sie gegen Miß-

ernten über die Felder und mischte sie den Tieren gegen Krankheit und Seuchen ins Futter.
Der Aschermittwoch ist seit dem 7. Jahrhundert ein strenger Fast- und Abstinenztag, d.h. an diesem Tag soll man sich nicht sattessen und auf Fleischspeisen aller Art verzichten. Heute ist das Fastengebot weitgehend gelockert, früher nahm man es, ebenso wie das Abstinenzgebot, peinlichst genau damit. So mußte am Faschingsdienstag alles im Haus noch vorhandene Fleisch gegessen sein, um nicht in Versuchung zu kommen. Das Messer, mit dem Fleisch und Wurst geschnitten wurden, mußte ebenso gereinigt werden wie der Holzteller, auf dem die Speckknödel vorbereitet wurden.

Traditionelle Fastenspeisen am Aschermittwoch sind Mehlspeisen, vor allem aber Fisch aller Art. Und dazu läßt man sich das Fastenbier munden, denn der »Fisch muß schwimmen«, wie ein Sprichwort sagt.

Traditionelle Fastenspeisen am Aschermittwoch sind Mehlspeisen, vor allem aber Fisch aller Art und unterschiedlich zubereitet. Und dazu läßt man sich das Fastenbier munden, denn »der Fisch muß schwimmen«, wie ein Sprichwort sagt.
Vielerorts wird am Aschermittwoch der alte Brauch wieder neu belebt, den im Fasching arg beanspruchten Geldbeutel zu waschen. In München wird diese Zeremonie am Fischbrunnen auf dem Marienplatz vollzogen.
Nach altem Volksglauben war der Aschermittwoch ein Unglückstag. Deshalb vermied man es an diesem Tag, die Stube auszukehren und den Stall auszumisten.

Vom Fasten und von Fastenspeisen

Der Aschermittwoch setzt den kulinarischen Genüssen, zumindest vorübergehend, ein Ende: Es beginnt die Fastenzeit, eine Zeit der Buße und der Besinnung. Sie dauert 40 Tage und endet am Karsamstag. Die Zahl 40 ist dabei nicht ohne Bedeutung: 40 Tage und Nächte dauerte die Sintflut, 40 Jahre warteten die Israeliten auf die Heimkehr ins Gelobte Land, und 40 Tage fastete Christus in der Wüste.
Früher gingen allen kirchlichen Festen Fasttage voraus. Neben der vorösterlichen Fastenzeit gab es auch ein Ernte-, Martini-, Weihnachts- und Silvesterfasten sowie das Fasten an allen Freitagen. Das ergab oft bis zu 120 Fasttage im Jahr. Eine typische Fastennahrung waren Brot, Brezen und Mehlsuppen. Besonders streng eingehalten wurde das Fastenangebot in den Klöstern, wo während der ganzen Fastenzeit auch kein Fleisch serviert wurde.

Man wich deshalb auf Fisch aus. In manchen Klöstern, so z. B. im oberösterreichischen Kloster Kremsmünster, standen für diese Tage große Fischbecken und Weiher zur Verfügung. Das von einzelnen Klosterbrauereien speziell in der Fastenzeit ausgeschenkte Starkbier stellte dagegen keinen Verstoß gegen die Fastenordnung dar, denn nach einer alten klösterlichen Regel »bricht Flüssiges das Fasten nicht«. Es war als Stärkung für den durch das Fasten geschwächten Körper erlaubt. An diese Tradition knüpfen noch heute viele unserer Brauereien an, die in der Fastenzeit – bei steigender Beliebtheit – ihre Starkbiere zum Ausschank bringen. Am bekanntesten ist wohl der »Salvator«, ein

BAUERN- UND WETTERREGELN

Schnee, der erst im Märzen weht,
abends kommt und morgens geht.

Kunigund (3. März) macht warm von unt'.

Säst du im März zu früh,
ist's oft vergebne Müh.

Weht am Gregoritag (12. März) der Wind,
noch vierzig Tage windig sind.

Sankt Gertraud (17. März)
den Garten baut.

Josefi (19. März) licht und klar,
gibt ein gutes Honigjahr.

Zu Mariä Verkündigung (25. März)
kommen die Schwalben wiederum.

Viel Stern am Verkündigungsmorgen
befreien den Bauern von vielen Sorgen.

Märzenstaub bringt Gras und Laub,
Märzenschnee tut den Früchten weh.

Der März soll wie ein Wolf kommen
und wie ein Lamm gehen.

Beim »Salvator«-Anstich auf dem Nockherberg in München. Jetzt beginnt die Zeit des Märzen-Starkbieres.

Wenn der Fasching in München zu Ende ist, beginnt die Fastenzeit und die Zeit des Starkbieres. Dann trifft man sich nach alter Tradition auf dem Nockherberg.

besonders kräftiges Fastenbier, das die Paulaner-Mönche einst in ihrer Brauerei in der Au, einem Münchner Stadtteil, herstellten. Seit 1780 gibt es zudem einen feierlichen »Salvator«-Anstich, ein Ereignis, das bis in unsere Tage mit recht üppigen kulinarischen Freuden verbunden ist. Natürlich versuchte man früher, die strengen Fastengebote elegant durch delikate Fastenspeisen zu umgehen. Es waren Speisen, bei denen man bei aller Enthaltsamkeit von Fleisch keineswegs auf gewohnte Gaumenfreuden verzichten mußte.

So verzeichnet die Regensburger Pfarrhofsköchin Anna Huber in ihrem Kochbuch »Die vollständige Fastenküche« aus dem Jahre 1870 allein 46 verschiedene Fastensuppen, darunter delikate Krebs-, Froschschenkel- und Fischsuppen.

Die ehemals strengen Fastengebote, festgelegt in einer eigenen Fastenordnung, wurden in den letzten Jahren von der Kirche sehr gemildert und den heutigen Gegebenheiten angepaßt. Dem Geist des Fastengebots entspricht es heute weit besser, nach freier Wahl auf etwas zu verzichten und sich im karitativen Bereich zu engagieren. Nichts gemein mit dem von der Kirche vorgeschriebenen Fasten haben dagegen die Fastenkuren, denen sich heute viele freiwillig aus gesundheitlichen Gründen unterziehen.

Recht beliebt war auch die Biersuppe. Verständnisvoll vermerkt die versierte Köchin Anna Huber noch in ihren Aufzeichnungen zu den Rezepten: »Die Fastenküche erfordert stets das meiste Nachdenken und den meisten Aufwand an Geschicklichkeit«.

Die ehemals strengen Fastengebote, festgelegt in einer eigenen Fastenordnung, wurden in den letzten Jahren von der Kirche sehr gemildert und sind den heutigen Gegebenheiten angepaßt worden.

Dem Geist des Fastengebots entspricht es heute weit besser, nach freier Wahl auf etwas zu verzichten und sich im karitativen Bereich zu engagieren. Nichts gemein mit dem von der Kirche vorgeschriebenen Fasten haben dagegen die Fastenkuren, denen sich heute viele freiwillig aus gesundheitlichen Gründen unterziehen.

Fastenzeiten aus religiösen Motiven kennt man übrigens nicht nur bei uns, in den christlichen Religionen sie waren bereits im Altertum üblich. Auch im Alten Testament, steht etwas darüber.

Im Islam und in anderen Religionen, aber auch bei Naturvölkern, sind Fastenzeiten als Vorbereitung auf Feste oder Jahreszeiten vorgeschrieben.

Nach dem Alten Testament sollte das Fasten, das streng überwacht wurde, zur »Unterdrückung körperlicher Gelüste und zur Versöhnung mit Gott« beitragen. Neben öffentlichen Aufrufen zu Fasten bei Kriegs- und Notzeiten galt das private Fasten als Ausdruck von Schmerz und Trauer.

Zum Fastenbeginn: Funkenfeuer im Allgäu

Wenn der Fasching sein närrisches Ende erreicht hat, die Strohpuppen verbrannt und die Masken abgelegt sind, beginnen in den Dörfern des Allgäus, Oberschwabens und am Bodensee die Kinder und jungen Leute, Brennmaterial für das traditionelle Funkenfeuer zu sammeln. Brauchbar dazu sind Baumäste, Holzkisten, Stangen, Bretter, Balken und Reisig. Oft wird schon das Jahr über diverses Abfallholz für das Funkenfeuer beiseite gelegt. Wer freigebig ist, wird gelobt, wer geizig ist, wird gerügt.

Wenn der Fasching sein närrisches Ende erreicht hat, werden im Allgäu, in Oberschwaben und am Bodensee die Funkenfeuer errichtet und am Abend entzündet.

Das Funkenfeuer, das man auch im östlichen Frankreich, in Luxemburg und Belgien, in der Schweiz, in Vorarlberg und Tirol kennt, wird immer am ersten Fastensonntag (Invocabit) abgebrannt. Es ist ein Frühlingsfeuer. In ihm kommt die Freude über das baldige Ende des Winters und das nahende Frühjahr zum Ausdruck. Symbolisch wird dabei alles Böse verbrannt, ein Gedanke, der weit in die Vorzeit zurückreicht. Unter dem Einfluß des Christentums sah man im Christusverräter Judas die Verkörperung des Bösen schlechthin. Und so heißt das Funkenfeuer in der Schongauer Gegend und im mittleren Lechgebiet »Judasfeuer«. Hier wird an Stelle der sonst üblichen Allgäuer »Hex« der Judas verbrannt, eine Strohpuppe an einer langen Stange, die inmitten des Holzstoßes aufragt.

Der Abwehr des Bösen sollen auch die Fackeln und die glühenden, in die Luft geschleuderten Feuerräder dienen, die man bei Einbruch der Dunkelheit von Anhöhen herunterrollen läßt. Obgleich beim Allgäuer Funkenfeuer die »Hex«, eine Strohpuppe, zur Freude von jung und alt in den lodernden Flammen den Feuertod sterben muß, steht dies in keinerlei Beziehung zur Hinrichtung der Hexen im Mittelalter.

Unausgesprochen haben sich im Funkenfeuer noch alte Vorstellungen erhalten. So ist man fest davon überzeugt: Je höher die Feuer lodern, desto fruchtbarer wird das Jahr. Menschen und Häuser, die der Schein des Feuers trifft, sollen im kommenden Jahr von Krankheit und Unglück und auch vor Feuersgefahr geschützt sein.

Der Abwehr des Bösen sollen auch die Fackeln und die glühenden, in die Luft geschleuderten Feuerräder dienen, die man bei Einbruch der Dunkelheit von Anhöhen herunterrollen läßt.

Obgleich beim Allgäuer Funkenfeuer die »Hex«, eine Strohpuppe, zur Freude von jung und alt in den lodernden Flammen den Feuertod sterben muß, steht dies in keinerlei Beziehung zur Hinrichtung der Hexen im Mittelalter.

Funkenfeuer wehren nicht nur alles Böse ab, sie sichern nach altem Volksglauben auch Fruchtbarkeit, Glück und Heil. Deshalb verstreute man früher die Asche des Funkenfeuers über die Getreide- und Flachsfelder und war davon überzeugt: »Funkenäsche bringt zehn Garba ein.«

Das richtige Aufstellen eines Scheiterhaufens für das Funkenfeuer erfordert viele fleißige Hände. Da müssen alle im Dorf zusammenhelfen. Vielerorts kümmert sich neuerdings ein Verein um die Organisation und Durchführung des Feuerabends, um den Fackelverkauf ebenso wie um die Aufräumarbeiten nach dem Abbrennen des Feuers. Dazu kommt noch die Sorge um das leibliche Wohl, sowie um die musikalische Ausgestaltung.

Den hohen Scheiterhaufen überragt eine lange Stange, die mit Stroh umwickelt wird. Man formt es zu einer Puppe, zieht ihr

BRAUCHTUMSFESTE IM MÄRZ

1. Fastensonntag (Invocabit):
Funkenfeuer in Altbayern, in Tirol und in Schongau im Allgäu.

Donnerstag vor den Fastensonntagen:
Ölbergspiel in Dietfurt im Altmühltal.

um den 19. März:
»Salvator«-Anstich auf dem Nockherberg in München.

alte Kleider drüber und steckt noch Knallfrösche, Kracher und Raketen hinein. Rundherum wird das Holz fachmännisch und sehr hoch aufgeschlichtet, eine Aufgabe, die viel Erfahrung verlangt. Und auch daran ist zu denken: Damit der »Funken« nicht vorzeitig von Witzbolden und Neidern angezündet wird, wird er bis zum Abend des Funkensonntags bewacht.
Endlich ist es dann soweit: Der Holzstoß wird feierlich entzündet! Unter dem Freudengeschrei vieler Zuschauer fressen sich die Flammen mehr und mehr in die Höhe. Aufmerksam wird das Werk des Feuers verfolgt. Wenn zuletzt die Hexe an der langen Stange den Feuertod stirbt, ist die Begeisterung groß. Auf einem niedrigen Funken nebenan werden nun die mitgebrachten Fackeln entflammt. Ein guter Allgäuer Funkenbrauch ist es auch, wenn die jungen Burschen mit Stecken glühende Scheiben in die Dunkelheit schlagen und dabei wünschen:

> Scheib aus, Scheib ein,
> Scheib übern Rain.
> Die Scheib, die Scheib
> soll meiner allerliebsten (Name der Freundin) sein.

So wird aus dem Funkenfeuer an der Wende vom Winter zum Frühling ein großes Fest, dessen Ursprünge auf alte mythische Glaubensvorstellungen zurückreichen: Die Kälte und Finsternis werden durch das wärmende, strahlende Feuer überwunden.

Wie's im April der Brauch ist

Ein Osterbrunnen in Streitberg in der Fränkischen Schweiz. Zu Ostern wird der Brunnen geschmückt; damit wollen die Menschen für das reine Quellwasser danken (rechte Seite).

Der April, gewöhnlich der Ostermonat, bringt eine Sonne, die schon viel Kraft hat. An Pflanzen und Bäumen zeigt sich das neue Wachstum. Der sich allmählich erwärmende Boden erlaubt es dem Bauern, die Felder zu bestellen. Auch im Garten gibt es jetzt wieder viel zu tun.

Am 1. April kennt man das In-den-April-schicken, das nach altem Volksglauben auf Judas Ischariot zurückgeführt wird, der an diesem Tag geboren sein soll. Dieser Tag gilt deshalb als Unglückstag, aber auch, weil an einem 1. April Luzifer aus dem Himmel gestürzt worden sein soll.

Am Anfang der Karwoche steht der Palmsonntag, an deren Ende der Ostersonntag. Das vielfältige Brauchtum der vorösterlichen Tage beginnt am Palmsonntag mit der feierlichen Weihe der Palmzweige. In Palmprozessionen gedenkt die Christenheit des Einzugs Jesu in Jerusalem.

Am Gründonnerstag zeigt sich bereits der Ernst der Karwoche. An diesem Tag verstummen zum Zeichen der Trauer die Glocken. Der Karfreitag ist ein strenger Fast- und Abstinenztag. Im Gebet verharren die Christen vor dem Kreuz. Die Karfreitagsratschen unterstreichen die Trauerstimmung dieses Tages.

Nach dem Karsamstag bricht am Ostersonntag die Osterfreude aus, der Jubel über die Auferstehung des Herrn. Vom Turm erklingen wieder die Glocken. Die Ostereier als Sinnbild des Lebens werden zusammen mit anderen Speisen zur Kirche getragen und geweiht.

Am 23. April steht im Kalender das Namensfest des heiligen Georg, der in Umzügen als Pferdepatron verehrt wird.

Palmbuschen und Palmesel

Die rechte Einstimmung auf das nahe Osterfest bringt alljährlich der Palmsonntag. An diesem Tag erinnern sich die Christen an den Einzug Christi in Jerusalem: Jesus ritt auf einer Eselin durch die Tore der Stadt, die Menschenmassen riefen »Hosianna« und streuten zum Zeichen seiner Königswürde Palmzweige auf den Weg. An dieses Ereignis soll die bei uns übliche Palm-

Beim Palmbuschnsetzen im Berchtesgadener Land. Die Palmzweige sollen Segen bringen.

prozession erinnern, die erstmals in der Lebensbeschreibung des heiligen Bischofs Ulrich von Augsburg im 10. Jahrhundert erwähnt wird.

Im Mittelpunkt der Festfeier steht die Weihe der »Palmen«, die bei uns ersatzweise Weidenkätzchen, aber auch Buchsbaum und Immergrün, Wacholder und Stechpalmen sind. Nach altem Brauch wird daraus ein »Palmbuschn« gebunden.

Die einfachste Form ist ein Büschel, der in der Hand getragen wird. Gern werden aber die Weidenkätzchen zusammen mit grünem Beiwerk zu kleinen Kränzen, Herzen, Kreuzen oder zu langen Kolben kunstvoll gebunden, wie man das noch in Tirol erleben kann. Bevor sie zum Weihen getragen werden, werden die Buschen zusätzlich mit bunten Bändern herausgeputzt. In manchen Gebirgsorten behängt man sie auch mit kleinen Fastenbrezen, rotbackigen Äpfeln und Papierrosen. Vielerorts, z. B. in der Tölzer und Garmischer Gegend, im Inntal, aber auch in der Oberpfalz, werden die Palmbüschel an einen möglichst langen Stecken gebunden. Nicht selten sind die »Palmbesen«, wie sie auch genannt werden, so lang, daß sie kaum in die Kirche hineinpassen. Früher war das Tragen der Palmstecken ein Privileg der Buben, das aber längst nicht mehr beachtet wird.

Im Berchtesgadener Land wird gleich ein ganzer »Palmbaum« geweiht: Das ist ein großer, möglichst stark verästelter Zweig der Palmweide, der bis zu 1,50 Meter hoch sein kann. Der Palmbaum wird hier, was eine Besonderheit ist, mit bunt gefärbten Holzspänen, sogenannten Gschabert-Bandeln, sowie mit ausgeblasenen gefärbten Eiern behängt. Gewöhnlich läßt der Berchtesgadener Bauer zwei Palmbäume weihen: Der eine wird unter dem Dachfirst befestigt, damit der Blitz nicht einschlägt, der andere wird aufs Feld gesteckt, damit es eine gute Ernte gibt.

Dieser Brauch zeigt bereits deutlich: Den Palmzweigen, ganz gleich in welcher Form sie zur Weihe gebracht werden, mißt man besondere Segenskräfte zur Abwehr von Krankheiten und Unwettern bei. Deshalb wird das Palmgebinde auch überall sorgfältig aufbewahrt. Im Haus kommen die Zweige an das Kreuz im Herrgottswinkel. Der Bauer vergißt auch nicht, einen Zweig in den Stall und in die Scheune zu stecken.

Dieser Brauch zeigt bereits deutlich: Den Palmzweigen, ganz gleich in welcher Form sie zur Weihe gebracht werden, mißt man besondere Kräfte zur Abwehr von Krankheiten und Unwettern bei. Deshalb wird das Palmgebinde auch sorgfältig aufbewahrt.

Im Haus kommen die Zweige an das Kreuz im Herrgottswinkel. Der Bauer vergißt auch nicht, einen Zweig in den Stall und die Scheune zu stecken.

Daneben hat sich aber manch Aberglaube eingeschlichen: So gab man gern auch dem Vieh eine Handvoll Palmkätzchen ins Futter,

um es gegen Druden und Hexen zu schützen. Am Palmsonntag sollte jeder einige Palmkätzchen schlucken und somit gegen Halskrankheiten gefeit sein. Wenn ein starkes Gewitter heraufzog, warf man einen Zweig ins Herdfeuer.
Mancherorts galten häufig die geweihten Palmkätzchen auch als Glücksbringer.

BAUERN- UND WETTERREGELN

Palmen im Klee,
Ostern im Schnee.

Trockener April
ist nicht des Bauern Will.

Aprilwetter und Kartenglück
wechseln jeden Augenblick.

Heller Mondschein in der Aprilnacht
schadet leicht der Blütenpracht.

Ist der Antlaßpfinsta (Gründonnerstag) weiß,
wird der Sommer sicher heiß.

Wenn es am Karfreitag regnet,
ist das ganze Jahr gesegnet.

Wächst das Gras schon im April,
steht es dann im Maien still.

Ist Georgi (23. April) mild und schön,
wird man noch schlecht Wetter sehn.

Bauen im April die Schwalben,
gibt's viel Futter, Küh und Kalben.

Bringt der April viel Schnee und Frost,
gibt's wenig Heu und sauren Most.

April windig und trocken,
macht alles Wachstum stocken.

Beim Georgiritt in Penzberg. Der heilige Georg ist der Schutzheilige der Bauern und Schützen, der Reiter und Pferde, sein Tag ist der 23. April.

Das Böse abwehren und Glück und Segen bringen sollten auch die geweihten Palmkatzerl, die man einer Braut ins Ehebett nähte. An ihre Segenskraft glaubt noch heute eine Sennerin, wenn sie vor dem Auftreiben jedem Tier mit dem Palmbuschen ein Kreuz auf den Rücken zeichnet. In einer Zeit ohne Brandversicherung vertraute man besonders auf die feuerabwehrende Kraft der Palmzweige. Dies kommt in einem Spruch aus Oberaudorf im Inntal gut zum Ausdruck:

Balst a Palmkatzerl nimmst
und steckts es auf's Haus,
na kimmt dir deiner Lebtag
koa Feuer net aus.
Mei Ahndl hat's gsagt,
und i glaab, es is wahr,
wo a Palmkatzerl steckt,
is's Brinna glei aus.

Der Palmesel in der Pfarrkirche von Erlach bei Simbach am Inn stammt aus der Zeit um 1470.

Seit dem Mittelalter schloß sich an die Weihe der Palmzweige eine Prozession an, durch die an den Einzug Jesu in Jerusalem erinnnert werden sollte. Der älteste Beleg dafür findet sich in der Biographie des heiligen Ulrich, der 923 Bischof von Augsburg wurde. Bereits damals wurde ein Bildnis des Heilands, des Salvators, auf einem Esel reitend, bei der Prozession mitgeführt. Aus Aufzeichnungen wissen wir, daß es ursprünglich ein richtiger Esel war, auf dem ein kostümierter Geistlicher als Christusdarsteller mitritt. Da aber diesem Tier schon damals seine sprichwörtliche Störrigkeit eigen war, ersetzte man das lebende Tier durch einen hölzernen Esel, auf den man eine Christusfigur setzte. In mittelalterlichen Chroniken wird oftmals von derartigen Palmeselprozessionen berichtet.
Ein derartiges »Umziehen« war in ganz Süddeutschland, aber auch in Österreich üblich. Dieser Brauch war der Kirche zur Veranschaulichung des biblischen Berichts sehr willkommen. Schon bald muß sich aber in diesen Umzug manch Mißbrauch eingeschlichen haben. So zog man im Bayerischen Wald mit dem Palmesel zu jedem Einzelhof, nahm den Heiland ab und legte ihn

in jedes Bett zum Schutz gegen Krankheit und Seuchen. Mehr und mehr ging das Verständnis für diesen religiösen Brauch verloren, behängte man doch vielerorts die Palmesel mit Blumen, Backwerk, Würsten und Ketten von Eiern. Und nur allzu oft muß es bei den Umzügen recht feucht-fröhlich zugegangen sein, sie arteten zu einer Volksbelustigung aus, an der viele Anstoß nahmen. So verwunderte es nicht, daß am Ende des 18. Jahrhunderts das unheilige Spektakel von der Kirche verboten wurde. Der Geist der Aufkärung wehte eben auch hier.

Nun ereilte die in Mißkredit geratenen Palmesel ein böses Schicksal. »Eselsmetzger« zogen durch das Land und schlugen ihnen Ohren und Kopf ab, zersägten und verbrannten sie. Nur einige gut Versteckte konnten in Glockenräumen oder auf Dachböden überleben. Die wenigen geretteten Exemplare stellen heute Kostbarkeiten in Kirchen, Heimatmuseen oder im Privatbesitz dar. Zu den ältesten Palmeseln in Bayern, die überlebt haben, zählt jener von Petersthal im schwäbischen Landkreis Oberallgäu, aus der Zeit um 1310. In der Pfarrkirche Erlach bei Simbach am Inn steht ein kunstvoller Palmesel aus der Zeit um 1470, den ein Bauer bei der Säkularisation durch Kauf rettete und auf dem Dachboden aufbewahrte. Im niederbayerischen Kloster Metten stellte man einen Palmesel aus der Rokokozeit in den schönen Bibliothekssaal. Ein Prachtexemplar von Langohr aus Ottenstall bei Kempten aus der Zeit um 1470 fand im Bayerischen Nationalmuseum in München einen Ehrenplatz, ein anderer Esel wird im Kloster Scheyern aufbewahrt. Überlebt hat auch der Palmesel im niederbayerischen Dorf Kößlarn bei Passau sowie im schwäbischen Kühbach. Hier ist auch die alte Tradition des Palmeselumzuges bis heute lebendig geblieben. Noch barocke Züge hat auch die eindrucksvolle Palmeselprozession in dem berühmten Krippendorf Thaur in der Nähe von Innsbruck, wo die Gläubigen wie seit Jahrhunderten mit einem Palmesel zu einer Bergkapelle ziehen. Da ein Palmeselumzug von jeher mit viel Prunk und Pomp verbunden war, hat sich bis heute das Sprichwort erhalten: »Er ist aufgeputzt wie ein Palmesel.« Man meint damit jemanden, der sich besonders auffallend hergerichtet hat. Noch gut bekannt ist der Palmesel auch als Spottname für denjenigen in der Familie, der am Palmsonntag als letzter aus den Federn kommt. Zum Trost fällt ihm dann das beste Stück vom Festtagsbraten zu.

Da ein Palmeselumzug von jeher mit viel Prunk und Pomp verbunden war, hat sich bis heute das Sprichwort erhalten: »Er ist aufgeputzt wie ein Palmesel.« Man meint damit jemanden, der sich besonders auffallend hergerichtet hat. Noch gut bekannt ist der Palmesel auch als Spottname für denjenigen in der Familie, der am Palmsonntag als letzter aus den Federn kommt. Zum Trost fällt ihm dann das beste Stück vom Festtagsbraten zu.

In vielen Gegenden Bayerns heißt der Gründonnerstag noch heute »Antlaßtag«. Damit wird daran erinnert, daß am Gründonnerstag früher die öffentlichen Büßer aus der Kirchenbuße entlassen und wieder in die Kirche aufgenommen wurden.

Kräutelsuppe am Gründonnerstag

Mit dem Gründonnerstag beginnt das Leiden des Herrn. Der Name dieses Tages, an dem Jesus auf dem Ölberg gefangengenommen wurde, geht wahrscheinlich auf das mittelhochdeutsche Wort »greinen« zurück, was soviel wie »weinen« heißt. Sicherlich nichts zu tun hat die Bezeichnung Gründonnerstag dagegen mit Grünzeug, das an diesem Tag auf den Speisetisch kommt. Nach altem Volksglauben soll man nämlich an diesem Tag viel Grünes aus dem Garten essen, Salat, Spinat und Kresse, vor allem aber ein Suppe aus neun Kräutern. Im Bayerischen Wald sollen es sogar zwölf Kräuter sein, die die Gesundheit für das ganze Jahr garantieren und das Fieber abhalten.

In vielen Gegenden heißt der Gründonnerstag noch heute »Antlaßtag«. Damit wird daran erinnert, daß am Gründonnerstag früher die öffentlichen Büßer aus der Kirchenbuße entlassen und wieder in die Kirche aufgenommen wurden. Im »Antlaßei« hat sich der alte Name noch erhalten. Das ist das Ei, das am Gründonnerstag von der Henne gelegt wird. Nach altem Volksglauben ist es besonders wundertätig und verleiht Gesundheit und Lebenskraft. Antlaßeier sollen auch nicht faulen. Man bewahrt sie gut auf, damit sie Haus und Hof vor Brand und Blitzschlag schützen.

Mit dem Gründonnerstag verstummen zum Zeichen der Trauer alle Kirchenglocken. Der Volksmund sagt: »Die Glocken fliegen nach Rom.« An ihre Stelle treten bis zur Osternacht die Ratschen oder Klappern. Dabei kann es sich um Hammerratschen, Walzenratschen oder Schubkarrenratschen handeln. In manchen Orten ziehen Buben am Gründonnerstag und Karfreitag mit ihren Ratschen durch die Straßen und rufen so zum Gottesdienst. Dabei wurde früher in der Oberpfalz folgender Spruch aufgesagt:

> Wir ratsch'n, wir ratsch'n den englischen Gruß,
> daß jeder katholische Christ beten muß.
> Kniet nieder, kniet nieder auf euere Knie,
> bet's drei Vaterunser und 's Ave Marie.

Im Spessart ziehen die Ratscher- oder Kloppenbuben noch heute durch die Dörfer und sprechen dabei folgenden Vers:

> Wir klappern um ein Ei,
> wir nehmen auch zwei, drei;
> sonst gehen wir in das Hinkelhaus
> und holen sie all miteinander raus.

Am Karsamstag werden die Buben dann für ihren Ratschendienst mit Ostereiern oder einem kleinen Obolus belohnt. An diesem Tag endet das Ratschen und Klappern. In der Osternacht verkünden alle Glocken die Auferstehungsfreude.
Beim Letzten Abendmahl, das Jesus mit seinen Jüngern am Gründonnerstag feierte, hat er auch an seinen Jüngern nach alter jüdischer Sitte die Fußwaschung vorgenommen. Daran erinnert die Zeremonie, die seit gut 20 Jahren am Gründonnerstag in den katholischen Kirchen wieder vollzogen wird. Damit knüpfte man an eine jahrhundertealte Tradition an, die bis ins Mittelalter zurückreicht.
Zur Zeit der Monarchie war es üblich, daß vom herzoglichen Hof zwölf arme, über 85 Jahre alte Männer aus dem ganzen Land zur Fußwaschung nach München gerufen wurden, was eine hohe Ehre und Auszeichnung bedeutete. Seit den Tagen von König Ludwig I. war es Brauch, daß der Monarch selbst die Fußwaschung vornahm. Anschließend wurden die »Zwölf Apostel« wie man die Männer nannte, zu einem Mahl in der Residenz eingeladen, wobei der König persönlich bediente. Bis an ihr Lebensende erzählten sie von der großen Ehre, die ihnen zuteil wurde. Mit der Abschaffung der Monarchie im Jahre 1918 endete auch der Brauch der königlichen Fußwaschung.

Eine Szene von der traditionsreichen Karfreitagsprozession in Lohr am Main.

Grabesruhe am Karfreitag

Der Karfreitag ist ein Tag der Trauer und der Stille. Früher sagte man: »Der Karfreitag ist still wie das Grab.« Die feierliche Ruhe durfte lediglich durch das Klappern der Ratschen gestört werden, die zum Kirchgang rufen.

Zum Zeichen der Trauer trugen die Bäuerinnen am Karfreitag dunkle Kleidung mit dunkelblauen oder violetten Schürzen und Halstüchern. Das Innere der Kirche war in Dunkelheit gehüllt, da die Fenster mit schwarzen Vorhängen verhängt waren. Das gab auch den richtigen äußeren Rahmen für das Heilige Grab ab, das im Altarraum oder in einer Nebenkapelle am Gründonnerstag mit viel Mühe und Liebe aufgebaut worden war. Dieser Brauch des Heiligen Grabes geht bis auf die Renaissance zurück und erlebte seine Hochblüte in der Barockzeit, als man die historische Grabesstätte in Jerusalem nachbilden wollte. Umgeben von einem Meer von Blumen wurde die Grablegung Christi gezeigt. Um den Eindruck des Grabes zu verstärken, beleuchtete man Glaskugeln, die mit farbigem Wasser gefüllt waren, mit einem Öllämpchen oder einer Kerze von rückwärts. In den Städten wetteiferten die Pfarreien in der möglichst prunkvollen Ausgestaltung ihrer Heiligen Gräber untereinander. Man ging von Kirche zu Kirche und besuchte den »Herrn in der Ruh«, wie man die künstlichen Felsgrotten nannte. In manchen Kirchen haben die Stelle der Figuren gläubige Bürger eingenommen und haben, als römische Soldaten verkleidet, die Grabwache gehalten. Vom Grafen Anton zu Toerring-Seefeld (bei München) weiß man sogar, daß er alljährlich im Heiligen Grab der Münchner Michaelskriche den toten Christus verkörpert hat.

Früher hatte fast jede Kirche ihr eigenes Heiliges Grab, vor dem sich am Karfreitag und Karsamstag die Gläubigen zu stillem Gebet einfanden. Nach der Liturgiereform der sechziger Jahre drohte der einst so beliebte Brauch fast auszusterben.

Früher hatte fast jede Kirche ihr eigenes Heiliges Grab, vor dem sich am Karfreitag und Karsamstag die Gläubigen zu stillem Gebet einfanden. Nach der Liturgiereform der sechziger Jahre drohte der einst so beliebte Brauch fast auszusterben.

Nur in wenigen Kirchen hat man sich über die neuen Richtlinien zur Gottesdienstgestaltung hinweggesetzt - beispielhaft sei hier die Münchner Peterskirche mit ihrem populären Pfarrer Max Zistl genannt. Neuerdings wird vielerorts wieder in den Kartagen nach alter Tradition das Heilige Grab errichtet. Besonders sehenswert ist das Grab in der ehemaligen Klosterkirche von Höglwörth, das aber nur mehr alle drei Jahre aufgestellt wird.

In Vergessenheit geraten sind auch die Karfreitagsprozessionen,

Da am Gründonnerstag die Kirchenglocken zum Zeichen der Trauer verstummen, ziehen Buben mit ihren Ratschen durch die Straßen, um so zum Gottesdienst zu rufen.

die an vielen Orten durchgeführt wurden. Erhalten konnte sich dieser religiöse Brauch noch in der unterfränkischen Stadt Lohr am Main. Hier wird in einer feierlichen Prozession ein großes Kreuz durch die Straßen getragen, gefolgt von den Vertretern und Bürgern der Stadt. Und dabei werden Passionslieder gesungen. Veranstaltet wird der seit dem 17. Jahrhundert übliche Umzug von den Handwerkerinnungen als Nachfolger der einstigen Zünfte. Aus dem Brauch der Passionsprozessionen, in denen der Kreuzweg Jesu nachvollzogen wurde, sind auch die Passionsspiele hervorgegangen, die noch heute in Erl, Thiersee und Oberammergau abgehalten werden.

Wie am Palmsonntag und Gründonnerstag ist auch in das Brauchtum des Karfreitags mancherlei Aberglauben eingeflossen, der uns heute unverständlich erscheint. So war es wohl auf die Vorstellung, daß mit dem Karfreitag der Frühling beginnt, zurückzuführen, daß man an diesem Tag mit dem Säen beginnen sollte. Beschnitt man am Karfreitag die Obstbäume, so sollte damit eine gute Ernte gewährleistet sein. Brot, Wasser und Ei waren am Sterbetag Christi besonders heilkräftig.

In der Neumarkter Gegend in der Oberpfalz rupfte man noch vor Sonnenaufgang dem Geflügel drei Federn aus und glaubte, daß dadurch die Tiere vor Fuchs und Habicht geschützt seien. Es sollte auch am Karfreitag kein Brot gebacken werden, denn sonst würde im kommenden Jahr der Regen gänzlich ausbleiben. In der Oberpfalz und in Schwaben durfte man nach altem Volksglauben am Karfreitag keine Haare und auch keine Fingernägel schneiden.

Das Geweichte im Osterkörberl

Alle Trauer der Kartage ist vergessen, wenn in der Osternacht die Glocken die Auferstehungsfreude verkünden: Vor der Kirche wird, möglichst mit dem Feuerstein, ein großer Holzstoß entzündet. Wenn das Osterfeuer lichterloh brennt, nimmt der Priester die Weihe vor und entnimmt den lodernden Flammen das Licht für die Osterkerze.

Da man dem Osterfeuer von jeher eine besondere Segenskraft zugesprochen hat, holte man es sich auch nach Hause. Meist übernahmen diesen Dienst bereitwillig die Kinder, die dafür beschenkt wurden. Im Chiemgau liefen sie mit einer Laterne von Haus zu Haus und übergaben mit einem brennenden Kienspan das geweihte Feuer. Nun konnte die Bäuerin das seit Karfreitag erloschene Feuer neu entfachen. Zum Überbringen des Osterfeuers dienten auch getrocknete Baumschwämme, die man an einem langen Eisendraht in die Glut steckte und so entfachte. Dieser schon vergessene Brauch wurde z. B. in Lenggries, Gaißach bei Bad Tölz und in Kochel in jüngster Zeit wieder neu belebt. Nach alter Sitte laufen hier die Buben mit brennenden Baumschwämmen von Haus zu Haus, kräftig schwingend, damit die Glut nicht vorzeitig erlischt. Für ihren Feuerdienst werden sie dann mit Ostereiern beschenkt.

Ein alter, noch heute gepflegter Brauch ist die Speisenweihe am Ostermorgen. Sie läßt sich bis ins 18. Jahrhundert zurückverfolgen und wurde von der Kirche eingeführt, als wegen des strengen Fastengebotes sogar der Genuß von Eiern, Milch, Käse und Butter untersagt war. In einem Körbchen, das mit einem weißen, reich bestickten Leinentuch ausgelegt ist, werden ausgewählte Speisen zur Weihe in die Kirche gebracht: Gefärbte Eier, Salz, Kren, ein Stück Geräuchertes und Brot, Osterfladen und ein Biskuit-Osterlamm mit der Osterfahne.

Ein alter, noch heute gepflegter Brauch ist am Ostermorgen die Speisenweihe. Sie läßt sich bis ins 18. Jahrhundert zurückverfolgen und wurde von der Kirche eingeführt, als wegen des strengen Fastengebotes sogar der Genuß von Eiern, Milch, Käse und Butter untersagt war. In einem Körbchen, das mit einem weißen, reich bestickten Leinentuch ausgelegt ist, werden ausgewählte Speisen zur Weihe in die Kirche gebracht: Gefärbte Eier, Salz, Kren, ein Stück Geräuchertes und Brot, Osterfladen und ein Biskuit-Osterlamm mit der Osterfahne.

Unter den Eiern sollten nach alter Bauernmeinung auch »Antlaßeier« vom Gründonnerstag sein, denn diese schützen vor Krankheit und stärken die Gesundheit. Immer wieder kann man in den Osterkörbchen Eier entdecken, deren Schale leicht aufgeschlagen ist. »Damit die Weich auch hinein kann«, so wird dies begründet. Von manchen Bäuerinnen wird auch ein Stück frische Butter, schön geformt,

zu den Laiberl nicht vergessen. Zum Osterfrühstück kommt dann alles auf den Tisch, und jeder in der Familie soll einen Anteil von dem »Geweichten« erhalten.
Gewissenhaft wird dabei darauf geachtet, daß von den geweihten Speisen ja nichts übrigbleibt oder gar etwas verdirbt. Die Eierschalen werden den Hühnern zum Fressen vorgeworfen, was die Fruchtbarkeit anregen soll, oder sie werden auch im Hausgarten vergraben.
Die »benedictio ovorum«, die Segnung der Eier und Speisen, ist einer der ältesten Osterbräuche und erregte vor zweihundert Jahren, neben anderen Bräuchen, das Mißfallen der Aufklärer.

Das Bemalen von Eiern oder das Einritzen kunstvoller Muster gehört in vielen Regionen zum Osterbrauch dazu.

Osterbrunnen in der Fränkischen Schweiz

In der Fränkischen Schweiz, vor allem im Pegnitz- und Wiesenttal, wurde Ende der siebziger Jahre mit den Osterbrunnen ein österlicher Brauch wieder belebt, der in seinem Ursprung in vorchristliche Zeiten zurückreicht. Nunmehr wetteifern alljährlich in der Karwoche zahlreiche Orte um den schönsten Osterbrunnen. Die rohen, meist sandsteinernen Brunnentröge, viele noch aus der Barockzeit, werden in den Tagen vor Ostern mit meterlangen Girlanden aus Buchsbaum, Fichtenzweigen und Palmkätzchen umkränzt, eingesäumt von Nadelbäumchen, die mit bunten Bändern geschmückt sind. Und daran hängen Hunderte von bemalten, ausgeblasenen Ostereiern.

Dieser Brauch erinnert an die große Wassernot, die einst in dieser Gegend herrschte. In einer Zeit ohne zentrale Wasserversorgung lehrte der Wassermangel die Menschen, vor allem die Bauersfamilien, das unverzichtbare Element zu schützen und zu achten. In der zerklüfteten Juralandschaft standen in den Sommermonaten viele Quellen und Brunnen zur Verfügung. In den Wintermonaten waren ihre Zugänge jedoch durch Eis und Schnee blockiert. So waren oft viele Orte vom Lebenselement Wasser abgeschnitten. Im Frühjahr, gewöhnlich in der Karwoche, wurden die Brunnen gründlich gesäubert, so daß wieder sauberes Wasser fließen konnte. Mit dem Brauch des Osterbrunnenschmückens wollten die Menschen danken für das reine Quellwasser.

Im Jahre 1990 wurden in 246 Orten 323 österlich geschmückte Brunnen und Quellen gezählt. Zentren des Osterbrunnenschmückens sind Streitberg, Gasselsdorf, Heiligenstadt, Engelhardsberg. Die geschmückten Brunnen sind heute zur Touristenattraktion geworden, freilich mit all den unerfreulichen Begleiterscheinungen, die den alten Brauch abermals in Gefahr bringen.

Als noch vor dem Ersten Weltkrieg die meisten Dörfer in der Fränkischen Schweiz an die zentrale Wasserversorgung angeschlossen wurden, waren sie der einstigen Sorge um frisches Wasser enthoben. So vergaß man allmählich auch den alten Brauch des Osterbrunnenschmückens, zumal auch von staatlicher Seite der Abbruch der überflüssig gewordenen Dorfbrunnen unterstützt wurde. Da konnte es nicht verwundern, daß 1952 nur noch in 16 Orten Brunnen geschmückt wurden.

Durch heimatpflegerische Initiativen gelang es, den vergessenen Brauch wieder zu erneuern.

1990 wurden in 246 Orten 323 österlich geschmückte Brunnen und Quellen gezählt. Zentren des Osterbrunnenschmückens sind Streitberg, Gasselsdorf, Heiligenstadt, Engelhardsberg. Die geschmückten Brunnen sind heute zur Touristenattraktion geworden, freilich mit all den unerfreulichen Begleiterscheinungen, die den alten Brauch abermals in Gefahr bringen.

Ostereier vom Osterhasen

Mit viel Liebe und Phantasie bereiten die Kinder vor dem Osterfest ein Nest aus Moos und Tannenzweigen, damit am Ostermorgen der Osterhase mühelos viele bunte Eier hineinlegen kann – wenn er sie nicht irgendwo fallenläßt.
Es ist schon recht eigenartig: Entgegen aller Erfahrung »legt« ein »Hase« Eier! In dieser Funktion kennt man ihn seit dem 16. Jahrhundert. In manchen Gegenden Bayerns ist es sogar der Hahn, dem die Eier zu verdanken sind.
Man hat lange gerätselt, wie es zu diesem Brauch gekommen ist. Heute weiß man, daß bereits die Römer den Hasen mit Eiern in Verbindung gebracht haben. Bei Ausgrabungsarbeiten auf einem Gräberfeld bei Worms kamen bemale Eierschalen und daneben Tongefäße mit Darstellungen von Hasen ans Tageslicht. Wie bei den Römern, so galt der Hase zu allen Zeiten als Sinnbild des Lebens, des Wachstums und der Fruchtbarkeit. Das kommt auch in unserer Redensart zum Ausdruck, wenn wir sagen: »Die vermehren sich wie die Hasen.«
Das Ei ist seit dem Altertum ein häufig verwendetes Fruchtbarkeitssymbol, dem wir immer wieder im Brauchtum der Völker begegnen. Die Christen sahen schon in frühester Zeit im Ei ein Abbild der Auferstehung des Herrn.
In einer mittelalterlichen Handschrift aus dem 12. Jahrhundert, die in der Bayerischen Staatsbibliothek in München aufbewahrt wird, findet sich ein Sakramentarblatt zur Osterliturgie, in dem ein Hase in die Initiale D Eingang gefunden hat. Damit ist erwiesen, daß der Hase bereits vor dem Mittelalter als Symbol für die Auferstehung bekannt war.

Das Ei ist seit dem Altertum ein häufig verwendetes Fruchtbarkeitssymbol, dem wir immer wieder im Brauchtum der Völker begegnen. Die Christen sahen schon in frühester Zeit im Ei ein Abbild der Auferstehung des Herrn.

Die Sitte, die Eier zum Osterfest zu färben, ist bei uns seit über dreihundert Jahren bekannt. Lange Zeit bemalte man die Eier nur mit festlichem Rot, daneben wurde es auch bald Brauch, die eingefärbten Eier mit viel Phantasie und Geschicklichkeit durch Kratzen und Ätzen zu verzieren. Beliebt war es auch, das Ei mit Wachs abzudecken, so daß einige Stellen nicht eingefärbt wurden. Heute hat man diese alten Techniken wieder neu entdeckt und freut sich an den kleinen Kunstwerken. Wie früher schreibt man auch kleine Sprüche darauf, beklebt sie mit Papier oder überzieht sie mit Stoff, Borten und Bändern.
Schön bemalte und verzierte Ostereier waren stets ein beliebtes Geschenk für Patenkinder, Dienstboten, Pfarrer und Lehrer. Besonders begehrt waren sie zu allen Zeiten als Geschenk unter Liebenden, zumal wenn sie mit einem Spruch oder Glückwunsch beschriftet waren. In jüngster Zeit hat es sich bei uns eingebürgert, ausgeblasene Ostereier an einen Frühlingsstrauß in der Wohnung zu hängen.

Eier verlocken nicht nur zum Verzieren, Schmücken und Verstecken, sondern auch zum Spielen. Besonders beliebt bei Kindern ist das Eierpecken. Dabei schlagen zwei Kinder jeweils ihr Ei mit der Spitze so lange gegeneinander, bis eines zerbricht. Nach Meinung der »Experten« ist es bei diesem Spiel nicht bedeutungslos, wie lange die zum Pecken bestimmten Eier gekocht worden sind.

Eier verlocken nicht nur zum Verzieren, Schmücken und Verstecken, sondern auch zum Spielen. Besonders beliebt bei Kindern ist das sogenannte Eierpecken. Dabei schlagen zwei Kinder jeweils ihr Ei mit der Spitze so lange gegeneinander, bis eines der Eier zerbricht. Nach Meinung der »Experten« ist es bei diesem Spiel nicht bedeutungslos, wie lange die zum Pecken bestimmten Eier gekocht worden sind.
In diesem und in einem anderen Eierspiel zeigt sich besonders deutlich der Charakter von Ostern als Frühlingsfest: Sowohl das Eierpecken als auch das Eierrollen findet im Freien statt. Beim Eierrollen, auch Eierscheiben genannt, läßt man über zwei eng beieinander liegende, schief gestellte Holzstiele die Eier in das junge Gras rollen. Der besondere Reiz ist es dabei, andere Eier zu treffen, »anzupecken«, zumal wenn obenauf eine Münze liegt. Diese gehört dann samt Ei dem erfolgreichen »Scheiber«.

Georgiritt am Ostermontag

Früher, in einer Zeit ohne Auto, ging man am Ostermontag nach altem Brauch »Emmaus«, d.h. man machte einen Ausflug zu Verwandten oder Freunden (der Name leitet sich vom Emmausgang der Apostel ab). Die Männer suchten eine Wirtschaft auf, die jun-

Beim Georgiritt in Traunstein. Er erinnert an den heiligen Georg, der bei der bäuerlichen Bevölkerung sehr verehrt wird.

gen Burschen holten sich von den Mädchen ihre roten Ostereier. Mädchen, zu denen niemand kam, waren unbeliebt und konnten auf keine Partner beim nahen Maitanz hoffen. Dieser Emmausgang ist heute kaum noch bekannt.

Nicht ausgestorben ist dagegen ein anderer Brauch: Nach alter Tradition finden am Ostermontag Pferdeumritte zu Ehren des heiligen Georg statt. Neben dem von Aidenbach in Niederbayern und Aigen am Inn, Ascholding und Hausen in der Oberpfalz ist der Georgiritt von Traunstein besonders bekannt. St. Georg wird ebenso wie St. Leonhard bei der bäuerlichen Bevölkerung von alters her hoch verehrt.

Der Heilige, der unter dem römischen Kaiser Diokletian im Jahre 303 den Martertod starb, ist nicht nur der legendäre Drachentöter, sondern auch, vor allem in Altbayern, der Patron der Pferde. Von seiner großen Verehrung zeugen die zahllosen Votivtafeln, die in Georgikapellen aufgehängt wurden. Den Dank für erlangte Hilfe, wenn ein Pferd erkrankt war, sollten auch Hufeisen sowie aus weißem oder rotem Wachs geformte Rösser ausdrücken, die man in Georgikirchen brachte.

Die überaus innige Hingabe an den Heiligen wird uns erst verständlich, wenn wir uns vergegenwärtigen, wie abhängig der Bauer einst von der Hilfe seiner Pferde war.

Der Traunsteiner Georgiritt findet - im Gegensatz zu Umritten in Effeltrich bei Forchheim und Tittmoning sowie auf dem Auerberg bei Schongau - immer am Ostermontag statt, obwohl der Namenstag des Heiligen erst am 23. April ist.
Alle Georgiritte laufen im großen und ganzen gleich ab, der Traunsteiner Ritt ist aber am prächtigsten. Alljährlich werden es immer mehr Menschen, die dabei sein wollen, wenn die Georgskapelle von Ettendorf in der Nähe von Traunstein umritten wird und der Pfarrer die Rösser segnet. Früher waren es nur Bauernpferde, die am Ritt teilnahmen, heute sind zunehmend Reitpferde dabei.
Wie lange es diesen Georgiritt schon gibt, weiß man nicht. Er wurde aber bereits in einer Kirchenrechnung des Jahres 1762 erwähnt. Als um 1870 der alte Brauch ziemlich in Vergessenheit geriet, wurde ein »Verein zur Einhaltung und Durchführung des Georgiritts« gegründet, der sich seitdem um den Wallfahrtsritt kümmert. Der Ablauf ist genau festgelegt: Am Morgen des Ostermontags ziehen unter Glockengeläut, Fanfarenklängen und Trommelwirbeln und angeführt von einem Herold, Fahnenschwinger, Söldner, Kinder, Bauersleut und Stadtleut zusammen mit dem Schutzpatron St. Georg hoch zu Roß und mit Wagen mit der örtlichen Prominenz und Geistlichkeit, mit Trachtlern und Musikanten der Stadtkapelle, hinaus zum Ettendorfer Kircherl. Mit dabei ist auch der Lindl, der eiserne Ritter, mit seinen Landsknechten und dem Hans von Schaumburg, einem ehemaligen Pfleger von Traunstein.

Nach alter Tradition finden am Ostermontag Pferdeumritte zu Ehren des heiligen Georg, des Patrons der Pferde, statt. Neben dem von Aidenbach in Niederbayern und Aigen am Inn, Ascholding und Hausen in der Oberpfalz ist der Georgiritt von Traunstein besonders bekannt. Der heilige Georg wird ebenso wie der heilige Leonhard bei der bäuerlichen Bevölkerung von alters her hoch verehrt.

Seinen Abschluß und Höhepunkt findet der Georgiritt am Nachmittag mit dem Schwertertanz, der auf das 16. Jahrhundert zurückgeht und nach einer längeren Pause im Jahre 1926 wiederbelebt wurde. In historischen Landsknechtsuniformen und mit blumengeschmückten Schwertern zeigen 16 Tänzer und ein Vortänzer diesen alten Tanz, mit dem symbolisch der Winter vertrieben wird.

BRAUCHTUMSFESTE IM APRIL

1. April:
In-den-April-Schicken.

Palmsonntag:
Palmeselumzüge, Palmbuschen-Tragen.
Palmbaumweihe im Berchtesgadener Land.

Gründonnerstag:
»Kräutelsuppen« kochen.
Fußwaschung in den katholischen Kirchen.

Karfreitag:
Prozession in Lohr am Main in Unterfranken.
»Ratschen«-Umtriebe.

Karsamstag:
Errichtung des Heiligen Grabes in der Klosterkirche in Höglwörth (alle drei Jahre).
»Ratschen«-Umtriebe.

Ostersonntag:
Osterfeuer vor den Kirchen; Speisenweihe (benedictio ovorum).
Ostereiersuchen der Kinder, Ostereier-Pecken, Eier-Rollen-Spiele.
Osterkörbe mit »Geweichtem« auf den Bauernhöfen.
Osterbrunnen schmücken in der Fränkischen Schweiz.
Dult-Beginn auf dem Plärrer in Augsburg.
Beginn der Georgi-Ritte in Bayern, u. a. in Aidenbach in Niederbayern, Aigen am Inn, Ascholding, Hausen in der Oberpfalz, in Effeltrich bei Forchheim, Tittmoning, auf dem Auerberg bei Schongau.

Ostermontag:
Georgiritt in Traunstein mit anschließendem Schwertertanz.

2. April-Hälfte:
Gerner Dult in Gern bei Eggenfelden (10 Tage).

WIE'S IM MAI DER BRAUCH IST

Im Mai zeigt sich der Frühling in seiner ganzen Schönheit, das Ergrünen und Erblühen in der Natur wecken neue Hoffnung, Lebensfreude und Liebe. Die Frühlingserwartungen finden ihren Ausdruck auch im Brauchtum dieses Monats.

Der Mai, bei den Römern vermutlich der Wachstumsgöttin Maja geweiht, gilt seit alters als der Wonnemonat. Bereits in den ersten Maitagen stehen die Obstbäume und Sträucher, die Tulpen und Narzissen in voller Blütenpracht. Bedrohlich können ihnen aber noch die letzten Nachtfröste werden, die bis zur Monatsmitte (»Drei Eisheilige«: Pankratius, Servatius und Bonifatius) zu befürchten sind. Im Mai zeigt sich der Frühling in seiner ganzen Schönheit, das Ergrünen und Erblühen in der Natur wecken neue Hoffnung, Lebensfreude und Liebe. Die Frühlingserwartungen finden ihren Ausdruck auch im Brauchtum dieses Monats. Nach der von Gespenstern erfüllten Walpurgisnacht wird landauf landab der Maibaum aufgestellt, ein Ereignis, das von jeher die Dorfjugend zu Spiel und Tanz zusammenführt. Zum Zeichen der Liebe setzte früher der junge Bursche seinem Mädchen ein grünes Bäumchen auf den Dachfirst.

Dem Fest Christi Himmelfahrt gehen die drei Bittage voraus. In Prozessionen und Bittgängen ziehen an diesen Tagen die Gläubigen zu einer benachbarten Kirche und erbitten Fruchtbarkeit und gutes Wetter für die Ernte.

In den letzten Maitagen wird das Pfingsfest gefeiert, das – abhängig vom Ostertermin – auch in den Juni fallen kann. Heiter wie das Fest sind auch die alten Bräuche, die man im Bayerischen Wald alljährlich an den Pfingsfeiertagen erleben kann.

Nach altem Brauch wird im Mai in den katholischen Kirchen Maria als Schutzfrau Bayerns verehrt. Unzählige Marienkirchen in unserem Land, zu denen Wallfahrer pilgern, bezeugen eine tief im Volk verwurzelte Marienfrömmigkeit.

ALLERLEI STREICHE IN DER WALPURGISNACHT

Längst glaubt niemand mehr daran, daß in der Nacht zum 1. Mai, in der gefürchteten »Walpurgisnacht«, die Hexen und Druden ihr Unwesen treiben. Früher aber ließ der weitverbreitete Aberglaube die Menschen vor ihnen zittern. In dieser Nacht wurden deshalb auf Feldern und Hügeln die »Hexenfeuer« ent-

zündet, um so die letzten Winterdämonen zu vertreiben. In dieser Nacht unternahmen sie nach altem Volksglauben einen letzten Versuch, den Einzug des Frühlings zu verhindern. Und so kam es, daß sich die Menschen vor diesen bösen Mächten zu schützen versuchten. Zur Abwehr der Hexe streute man geweihtes Salz auf die Türschwelle. Besonders geeignet, um jeglichen bösen Zauber fernzuhalten, schien der Besen. Deshalb stellte man ihn mit dem Reisig nach oben an die Mauer, damit sich daran die Hexe verfangen konnte. Man war auch überzeugt, daß ein Besen, der in der Walpurgisnacht nicht aufgeräumt wurde, der Hexe zum Reiten diente. Da man sie auch durch Lärm ab-

Die Auer Dult in München findet Ende Mai auf dem Mariahilfplatz statt.

halten wollte, zogen früher in Franken junge Burschen bei anbrechender Dämmerung peitschenknallend durch die Straßen. Eine andere Form der Dämonenabwehr kannte man in der Oberpfalz: Hier nagelte man vor Sonnenuntergang am letzten Apriltag drei Kreuzdornzweige kreuzweise über die Fenster von Wohnhaus und Stall. Die Kreuzform galt als besonders dämonenabwehrend. Aus diesem Grund legte man auch die Strümpfe der Kinder in der Walpurgisnacht gekreuzt vor die Betten.

Eine besondere Form der Dämonenabwehr kannte man in der Oberpfalz: Hier nagelte man vor Sonnenuntergang am letzten Apriltag drei Kreuzdornzweige kreuzweise über die Fenster von Wohnhaus und Stall. Die Kreuzform galt als besonders dämonenabwehrend. Aus diesem Grund legte man auch die Strümpfe der Kinder in der Walpurgisnacht gekreuzt vor die Betten.

Solche Vorstellungen sind uns heute fremd, der Glaube an Hexenzauber gehört der Vergangenheit an. Trotz aller Aufklärung gilt aber immer noch die Walpurgisnacht als »Freinacht«, in der in Anlehnung an das einstige Hexentreiben manch Unsinn erlaubt ist. »Weil es so der Brauch ist«, wie die Leute sagen. Dazu gehören die bekannten Streiche wie Gartentore aushängen, Türen verriegeln, im Freien stehende Geräte und Maschinen verstecken.

Burschen brachten einst in dieser Nacht ihren Mädchen ein grünes Bäumchen auf den Dachfirst, im Bayerischen Wald stellten sie ordentlichen Mädchen ein Fichtenbäumchen, mit Bändern geschmückt, vor das Fenster.

Anders erging es freilich den Mädchen, die nicht im besten Ruf standen: Sie bekamen ein »Schandbäumchen«, einen dürren Baumwipfel oder einen Strohwisch. Hier hat sich noch ein Rest des früheren Femegerichts erhalten, wie wir es vom Haberfeldtreiben her kennen.

Ein anderer, heute kaum noch bekannter Brauch war es, wenn man einem jungen Paar, das seine Liebschaft nach außen hin verheimlichen wollte, mit Kalk oder Sägemehl einen «Weg« gestreut hat, und zwar vom Haus des Burschen zu dem seiner Verehrten. Am Morgen des 1. Mai entdeckten dann die beiden, sehr zu ihrem Ärger, aber zur Schadenfreude der anderen, ihre auf diese Weise offengelegte »Verbindung«.

Was nicht ausblieb: Der Freinachtsbrauch wurde immer wieder mißbraucht. Zu bekannt sind Geschichten, daß man z. B. einem Bauern einen Wagen, beladen mit Mist, auf den Dachfirst stellte oder den Kamin mit einer Glasscheibe abdeckte, so daß der Rauch nicht mehr abziehen konnte.

Auch in unseren Tagen erleben wir in Stadt und Land mancherlei üble »Streiche«, die zeigen, daß der alte Brauch von vielen gänzlich mißverstanden wird.

Rund um den Maibaum

Der erste Tag des Wonnemonats Mai steht schon ganz im Zeichen der Freude über den Einzug des Frühlings: In den Dörfern, neuerdings auch in den Städten (z. B. in München auf dem Viktualienmarkt) wird der Maibaum aufgestellt! Über den Ursprung dieses Brauches ist man sich bis heute nicht einig. Wahrscheinlich geht der grüne Baum auf eine Baum- und Waldverehrung in germanischer Zeit zurück. Man sieht in ihm eine Vergrößerung der Lebensrute, er ist Sinnbild der Fruchtbarkeit und des Segens.

BAUERN- UND WETTERREGELN

Es ist kein Mai so gut,
es schneit dem Hirten auf den Hut.

Ist der Mai recht heiß und trocken,
kriegt der Bauer kleine Brocken.

Gewitter im Mai –
schreit der Bauer juchhei.

Mai kühl und naß
füllt dem Bauern Scheun und Faß.

Mairegen auf die Saaten –
dann regnet's Dukaten.

Pankraz, Servaz und Bonifaz (12./13./14. Mai),
die machen erst dem Sommer Platz.

Wer seine Schafe schert vor Servaz,
dem ist die Wolle lieber als das Schaf.

Wie das Wetter am Himmelfahrtstag,
so auch der ganze Herbst sein mag.

Schwärmt die Biene schon im Mai,
gibt es bestimmt sehr viel Heu.

Ein Bienenschwarm im Mai
ist wert ein Fuder Heu.

Alle Männer und Burschen eines Dorfes packen mit an, wenn am 1. Mai – wie hier im Berchtesgadener Land – der geschmückte Maibaum traditionsgemäß mit »Schwaibeln« in Etappen hochgewuchtet und dann fest verankert wird.

Nicht genau festlegen läßt sich auch, wann der Maibaumbrauch bei uns heimisch geworden ist. Aus dem 13. Jahrhundert gibt es erste Hinweise auf grüne Zweige zum Maianfang. Auf einem Bild des Malers Donauer, der 1585 das Antiquarium der Münchner Residenz mit Ortsansichten ausmalte, findet sich erstmals ein Figurenmaibaum mit grünem Wipfel und Figuren. Es handelt sich dabei um eine Ortsvedute von Starnberg. Einen weiteren Bildbeleg eines Maibaums enthält im 18. Jahrhundert eine Votivtafel der Wallfahrt Kleinhelfendorf. Das 1743 datierte Bild zeigt einen Maibaum inmitten eines Dorfes. Aus der selben Zeit, genau aus dem Jahre 1767, stammt ein Bild des bayerischen Hofmalers Peter Jakob Horemans, auf dem neben der Kirche (wohl von Obermenzing in München) auch ein Maibaum mit Figuren und Gipfelbuschen aufragt.

Nicht genau festlegen läßt sich auch, wann der Maibaumbrauch bei uns heimisch geworden ist. Aus dem 13. Jahrhundert gibt es erste Hinweise auf grüne Zweige zum Maianfang. Auf einem Bild des Malers Donauer, der 1585 das Antiquarium der Münchner Residenz mit Ortsansichten ausmalte, findet sich erstmals ein Figurenmaibaum mit grünem Wipfel und Figuren. Es handelt sich dabei um eine Ansicht von Starnberg. Einen weiteren Bildbeleg eines Maibaums enthält im 18. Jahrhundert eine Votivtafel der Wallfahrt Kleinhelfendorf. Das 1743 datierte Bild zeigt einen Maibaum in einem Dorf. Aus derselben Zeit, aus dem Jahre 1767, stammt ein Bild des bayerischen Hofmalers Peter Jakob Horemans, auf dem neben der Kirche (wohl von Obermenzing in München) auch ein Maibaum mit Figuren und Gipfelbuschen aufragt.

Im ausgehenden 18. Jahrhundert entwickelt sich der Maibaum zu einem Symbol des neuen bayerischen Staatsbewußtseins, denn die freien Gemeinden sehen in ihm geradezu ein Zeichen der erlangten bürgerlichen Selbständigkeit innerhalb des von Minister Montgelas geschaffenen Staatsgebildes. Das wollen auch die Zeichen der Handwerker sowie von Kirche und Rathaus ausdrücken. Nach einer kurzen Phase des Mißbrauchs im Dritten Reich ist der Maibaum nach dem Zweiten Weltkrieg zu einem wesentlichen Bestandteil vor allem des südbayerischen Brauchtums geworden. Im Maibaum finden der Zusammenhalt und auch der Wohlstand eines Dorfes einen sichtbaren Ausdruck. Das erklärt auch, daß es alljährlich zu einem Wettstreit kommt, wo der höchste und prachtvollste Baum errichtet wird. Höhen bis zu dreißig Meter sind keine Seltenheit. Regional unterschiedlich wird er entweder nur für die Dauer des Monats Mai aufgestellt oder er bleibt ein Jahr und länger an seinem Ehrenplatz stehen. Von Gegend zu Gegend hat der Baum ein anderes Aussehen: Er wird sowohl mit der Rinde aufgestellt als auch, wie vor allem in Oberbayern, geschält und weiß-blau gestrichen. Vor dem Errichten wird der grüne Wipfel mit bunten Bändern behängt und mit einem Kranz geschmückt. Viele Orte setzen ihren ganzen Stolz darein, den Maibaum noch mit geschnitzten Figuren und Zunftzeichen der

örtlichen Handwerker zu verzieren. Unten am Stamm wird ein Spruch angebracht, der die Einigkeit des Ortes betont. Gemeinschaftssinn ist jedenfalls eine wesentliche Voraussetzung, daß immer wieder ein Maibaum das Ortsbild verschönern hilft. So müssen schon viele Burschen und Männer zusammenhelfen, wenn das Prachtstück ohne Beschädigung - bei der Länge des Baumes keine Selbstverständlichkeit - aus dem Wald geholt wird. Meist wird der Baum von der Gemeinde, vom Wirt oder von einem Waldbesitzer gestiftet. Ist er schließlich in vielen Freizeitstunden hergerichtet und mit allen Attributen eines Maibaumes versehen, kommt erst die Hauptarbeit: das Aufstellen. Da werden nun alle verfügbaren Männerhände des Ortes gebraucht, denn nach alter Traditon wird der Baum mit dicken, langen Stangen (sogenannten Schwaibeln), die zu »Scheren« zusammengebunden werden, aufgerichtet. Auf ein kurzes Kommando eines erfahrenen »Regisseurs« kommt das kostbare Stück allmählich in eine senkrechte Lage, eine Arbeit, die sich über zwei Stunden hinziehen kann. Überall dort, wo man noch besonders auf die Einhaltung des alten Brauchtums achtet, ist es geradezu verpönt, sich eines technischen Hilfsmittels, z. B. eines Flaschenzuges oder gar Krans, zu bedienen.
Nicht minder reizvoll und beliebt wie das Maibaumaufstellen ist ein anderer Brauch: das Maibaumstehlen. Nach alter Sitte darf der Baum, der schon mehrere Wochen vor dem Aufstellungstag geschlagen werden muß, »gestohlen« werden. Als Diebe kommen die Burschen der umliegenden Nachbargemeinden in Frage, die rechtzeitig »Späher« ausschicken. In den letzten Jahren scheuten manche Diebe aber auch keine weiten Anfahrtswege. Als besonders gewiefte Maibaumdiebe haben sich die Burschen von Unterbrunn im Landkreis Starnberg erwiesen, die bereits über 20 geglückte Diebstähle auf ihrem Erfolgskonto verbuchen können.
Wird ein Baum - trotz Bewachung - gestohlen, so sind zwischen den Dieben und den Bestohlenen oft langwierige Rückgabeverhandlungen erforderlich. Als Auslöse wird gewöhnlich eine große Menge Bier vereinbart, das dann bei der Übergabe gemeinsam getrunken wird. Gewöhnlich kommt es dabei auch wieder zur Aussöhnung der beiden Parteien, vorausgesetzt freilich, die Bestohlenen erklären sich zur Zahlung der geforderten Biermenge bereit.

Wird ein Baum – trotz Bewachung – gestohlen, so sind zwischen den Dieben und den Bestohlenen oft langwierige Rückgabeverhandlungen erforderlich. Als Auslöse wird gewöhnlich eine große Menge Bier vereinbart, das dann bei der Übergabe gemeinsam getrunken wird. Gewöhnlich kommt es dabei auch wieder zur Aussöhnung der beiden Parteien, vorausgesetzt freilich, die Bestohlenen erklären sich zur Zahlung der geforderten Biermenge bereit.

Wenn die Verhandlungen ergebnislos bleiben - was auch manchmal vorkommt - stellen die Diebe den gestohlenen Baum einfach als »Schandbaum« neben den eigenen. Ein Spottvers kündet dann vom Unmut der enttäuschten Diebe, wie folgendes Beispiel aus dem Landkreis Fürstenfeldbruck beweist:

80 Jahre bin ich stolz im Wald gestanden,
bis mich die Landsberieder Burschen fanden.
Und um der alten Brauchtumssitten
wurde ich für sie als Maibaum umgeschnitten.
Doch schon in der ersten Nacht -
man ließ mich liegen unbewacht -
sind die Germeringer Burschen gekommen
und haben mich heimlich mitgenommen.
Ich fühlte mich stolz und begehrt,
doch war ich ganz Landsberied nichts wert.
Drum steh ich jetzt am Germeringer Ortsrand
zu unserer Freud und ganz Landsberieds Schand:
Der Landsberieder Maibaum.

Wallfahrten zu Gnadenstätten

Ziel ungezählter Wallfahrer ist alljährlich die Wallfahrtskirche Vierzehnheiligen, ein Balthasar-Neumann-Bau oberhalb von Staffelstein.

Schon 1533 konnte der bekannte bayerische Geschichtsschreiber und Humanist Johannes Thurmair, genannt »Aventinus« feststellen: »Das bairisch Volk ist geistlich, schlecht und gerecht, läuft gern Kirchfahrten, hat auch viele Kirchfahrten.«
Bereits im frühen Mittelalter entstanden an Orten, an denen Reliquien aus dem Heiligen Land oder von Heiligen verehrt wurden Wallfahrten. Viele dieser Wallfahrtsstätten sind vergessen, manche bestehen heute noch, z. B. Andechs, Scheyern, Neuburg a. d. Donau. Viele unserer Wallfahrtsorte haben ihren Ursprung im 17. und 18. Jahrhundert. Anlaß für eine Wallfahrt waren oft Bildstöcke (in Dettelbach, Freystadt, Würzburg/Käppele) oder Marienbilder (in Maria Eich, Mariabuchen, Maria Birnbaum), die an Bäumen und auf Anhöhen verehrt wurden. Als Gebetserhörungen, sogenannte Gutthaten, bekannt wurden, kamen immer mehr Beter in der Hoffnung auf Erfüllung ihrer Bitten.
Bayern ist besonders reich an Wallfahrtsstätten. Es gibt allein über 400 Marienwallfahrtsorte. Hinzu kommen noch zahlreiche Christuswallfahrten (Bettbrunn, Biberbach, Kreuzberg i. d. Röhn, Wies bei Steingaden) und Heiligenwallfahrten (Inchenhofen, Sulzbach-Rosenberg, Vierzehnheiligen).
Mittelpunkt eines Wallfahrtsortes ist immer ein Gnadenbild, ein

Wallfahrer auf dem Kapellplatz von Altötting, dem bekannten Gnadenort in Altbayern.

Christus-, Marien- oder Heiligenbild, das seit Jahrhunderten verehrt wird. In tiefer Gläubigkeit wurden viele Bilder von bedeutenden Künstlern gestaltet, so z. B. durch die Brüder Asam und Zimmermann.

Bis heute hat das Wallfahren nichts von seiner Beliebtheit eingebüßt. Vom Frühjahr bis in den Herbst hinein ziehen Wallfahrer betend und singend zu unseren Gnadenorten. Nicht wenige sind viele Stunden, ja Tage unterwegs. Im Fränkischen werden die Wallfahrergruppen von Musikanten begleitet, die sie beim gemeinschaftlichen Singen unterstützen. Mit Musik ziehen sie in die Wallfahrtskirche ein. Und wenn sich dann die Wallfahrer im Wirtshaus für den Rückweg stärken, spielen die Musikanten recht heitere Weisen auf. Denn zu einer Wallfahrt haben schon immer auch kleine weltliche Freuden gehört.

Marienverehrung im Wonnemonat

Nicht wegzudenken vom Brauchtum im Mai sind von alters her die Maiandachten, die in den katholischen Kirchen zu Ehren der Gottesmutter Maria abgehalten werden. Vor einem Marienaltar oder einem Marienbild, prachtvoll geschmückt mit Frühlingsblumen und leuchtenden Hortensien, versammeln sich die Gläubigen in den Abendstunden zum Lobpreis der Himmelskönigin. Dabei erklingen die vertrauten Marienlieder, in denen die tiefe Frömmigkeit des bayerischen Volkes zum Ausdruck kommt. Der Höhepunkt der von Gegend zu Gegend unterschiedlich gestalteten Marienandacht ist in einigen Orten, z. B. in Schliersee, eine Lichterprozession.

Bayern ist besonders reich an Wallfahrtsstätten. Es gibt allein über 400 Marienwallfahrtsorte. Hinzu kommen noch zahlreiche Christuswallfahrten (Bettbrunn, Biberbach, Kreuzberg i. d. Röhn, Wies bei Steingaden) und Heiligenwallfahrten (Inchenhofen, Sulzbach-Rosenberg).

Die Tradition der »Maiandacht« zu Ehren der Muttergottes reicht bis ins Mittelalter zurück. Man wollte damit den aus heidnischer Zeit noch lebendigen Maibräuchen und Maifeiern entgegenwirken. In der heutigen Form entstand die Maiandacht in Ferrara in Italien und kam über Frankreich, Spanien, Belgien und die Schweiz auch nach Bayern. Am 1. Mai 1841 wurde die erste Maiandacht auf deutschem Boden gefeiert.

Die Marienverehrung hat in Bayern eine lange Tradition. Als leuchtende Vorbilder persönlicher Marienfrömmigkeit haben sich seit Jahrhunderten die bayerischen Herrscher aus dem Hause Wittelsbach hervorgetan. Eine herausragende Stellung nimmt unter ihnen Kurfürst Maximilian I. ein, der zu Fuß nach Altötting wallfahrtete, als er die Regentschaft übernahm. An der Außenfassade seiner neuen Residenz ließ er 1616 die prächtige Marienstatue, geschaffen von Meister Hans Krumper aus Weilheim, anbringen und auf dem Sockel der Figur eingravieren: »Patrona Boiariae (Bavariae)«. Maria sollte die Schutzherrin Bayerns sein. Der Kurfürst selbst weihte auch sein Haus und sein Land »der gütigsten Herrin Bayerns und möchtigsten Schützerin«.

1638, mitten im Dreißigjährigen Krieg, wurde nach Maximilians Willen auf dem heutigen Marienplatz, dem damaligen Schrannenplatz, in München die Mariensäule, wiederum nach einem Entwurf von Hans Krumper, aufgerichtet. Gekrönt wurde die Säule mit einer Marienstatue aus der Schule von Hubert Gerhard. Die Mariensäule sollte von nun an der geistliche, aber auch der geographische Mittelpunkt des ganzen Landes sein.

Als Weiheformel ließ Maximilian I. eingravieren:

> »Rem, regem, regimen, regionem, religionem,
> Conserva Bavaris, Virgo Patrona, tuis.«
> (König und Heimat und Recht und Habe und
> Glaube der Väter,
> Wahre den Bayern, die dein, Jungfrau Patronin, allzeit.)

Marianischer
Gnaden-Psalter,
Von hundert fünffzig
Aus vil tausend Gutthaten,
Welche
Die Wunderbarliche
Mutter GOttes /
und
Mächtige Jungfrau
MARIA
Durch
Ihr Heil. Gnaden-Bild /
in dem Löbl. weit-berühmten, und
dem Regulirten S. AUGUSTINI Chor-
Herren-Stüfft zu Beyharting einver-
leibten GOtts-Hauß und Pfarr-Kirchen
zu Tuntenhausen /
Denen andächtigen Wallfahrteren
erwisen hat.
In Druck gegeben.
Mit Genehmhaltung der Obern.
München / gedruckt bey Maria Magd. Riedlin /
Wittib / Anno

Titelbild aus einem Mirakelbuch von Tuntenhausen (1738)

Bis heute sichtbar ist die lebendige bayerische Marienfrömmigkeit an den zahlreichen großen und kleinen Marienheiligtümern und an den Wallfahrtsorten in Stadt und Land, an denen seit Jahrhunderten die Muttergottes verehrt wird.
Erinnert sei hier z. B. an die Alte Kapelle in Regensburg und an den Heiligen Berg von Andechs, an die Heilige Kapelle in Altötting, an den Mariahilfberg in Passau und in Amberg, an die idyllisch gelegene Gnadenkapelle von Birkenstein und von Maria Eich.
Zahlreiche Votivtafeln und Votivkerzen aus Vergangenheit und Gegenwart sind äußerst eindrucksvolle Zeugnisse der großen Dankbarkeit und des tiefen Vertrauens zur »Patrona Bavariae«, ein Ehrentitel, den der fromme Kurfürst Maximilian I. der Gottesmutter verliehen hatte.
Gleichsam als die offizielle Bestätigung der traditionellen bayerischen Marienverehrung erreichten König Ludwig III. und seine Gemahlin Maria Therese bei Papst Bene-dikt XV. im Jahre 1916, mitten in den Schrecken des Ersten Weltkrieges, die Einrichtung eines eigenen Festes für die Schutzfrau Bayerns, das seit dem Jahre 1917 jeweils am ersten Sonntag im Mai gefeiert wird.

Der güldene Rosenkranz

2. Maria ist ihr Nam, von königlichem Stamm,
sie ist eine Jungfrau wohl geziert, der dieser Kranz gebührt.

3. Sie sitzt vor Gottes Thron und scheint ihr Sonn und Mon,
sie ist die Größt im Himmelreich, kein Engel ist ihr gleich.

4. O Jungfrau, mild und süß, wir fallen dir zu Füß,
wir bitten dich ganz inniglich, erhör uns gnädiglich.

Mit dem Kreuz gehen in der Bittwoche

Früher wurde von den Bauern um eine gute Ernte gebetet, vor allem an den drei Tagen vor Christi Himmelfahrt, den Bittagen. Man ging zu einer Kirche in der weiteren Umgebung und trug ein mit Blumen geschmücktes Kreuz mit sich.

Der bäuerliche Mensch hat seit eh und je darum gewußt, daß der Fleiß seiner Hände allein noch nicht eine gute Ernte garantiert. Zur richtigen Bearbeitung des Bodens und der Aussaat des Samens muß noch der Segen von oben hinzukommen. Diese Einstellung hat sich in den letzten Jahrzehnten etwas geändert. Man vertraut heute mehr den modernen Maschinen und der künstlichen Düngung und erkennt erst in Schlechtwetterperioden und bei Unwettern, wie machtlos man, trotz technischer Möglichkeiten, Witterungseinflüssen gegenübersteht.
Früher wurde eine gute Ernte erbetet, vor allem an den drei Tagen vor Christi Himmelfahrt, den Bittagen. Nach alter Tradition machten sich die Gläubigen frühmorgens, zusammen mit dem Priester und den Ministranten, auf den oft langen Weg zu einer Kirche in der Nachbarschaft oder auch in der weiteren Um-

gebung. Bei diesen Bittgängen wurde den Betenden ein mit Blumen geschmücktes Kreuz vorangetragen, weshalb man sagte: »Mit dem Kreuz gehen«. Das erklärt auch den Namen »Kreuz« - oder »Bittwoche«.

Es hatte seine feste Ordnung, zu welcher Kirche man an den Bitttagen ging. Jede Pfarrei hatte ganz bestimmte Kirchen, die in den Tagen vor Christi Himmelfahrt seit Generationen aufgesucht wurden. Während die Bittgänger unterwegs waren, kamen oft Beter aus der Nachbarpfarrei in die eigene Kirche zu einem »Gegenbesuch«.

Viele Pfarreien pilgerten auch zu einer weit entfernten Wallfahrtskirche, z. B. nach Vierzehnheiligen, Gößweinstein und zum Heiligen Berg von Andechs. So kam es, daß die Bittgänger mit Hin- und Rückweg oft einen ganzen Tag auf den Füßen waren. Während des ganzen Weges wurde der Rosenkranz gebetet, und immer wieder wurden dabei die Bitten eingefügt: »Daß du die Früchte der Erde geben und erhalten wolltest, wir bitten dich, o Herr!« und: »Vor Blitz und Ungewitter verschone uns, o Herr!« Deshalb sagte man zu diesen Bittgängen auch »Schauerprozessionen«. Sobald der Zug der Beter sichtbar war, wurden zum Empfang alle Glocken geläutet. Mit Kreuz und Fahnen zogen die Bittgänger schließlich in das Gotteshaus ein, wo das Bittamt gefeiert wurde. Am Schluß erteilte der Pfarrer mit dem »Wetterkreuz« den Wettersegen, um von der Ernte alles Schädliche, wie lange Nässe und Dürre, vor allem aber Blitz und Unwetter abzuhalten.

Nach gutem Brauch gehörte zu einem richtigen Bittgang auch

Wallfahrer haben sich zum Gebet vor der Kirche in Altötting versammelt.

eine Einkehr in einem Gasthaus, wo man sich bei Bier und »Kreuzwurst« für den Heimweg stärkte.
Neben den großen Bittgängen zu einer Nachbar- oder weiter entfernten Wallfahrtskirche wurden auch immer wieder kleinere Flurprozessionen abgehalten. Dabei ging man mit vorangetragenem Kreuz lediglich um das Dorf, an einer Feldkapelle wurde angehalten und der Wettersegen gespendet. Nicht unwichtig war es dabei für manchen Bauern, daß die Flurprozession an seinen Feldern vorbeikam.
In den letzten Jahren sind die früheren Bittgänge und Flurprozessionen leider in Vergessenheit geraten. Beigetragen hat dazu auch, daß der heutige Verkehr auf den Landstraßen das Beten und Singen in der Prozession fast unmöglich gemacht hat. Aber trotz aller Schwierigkeiten ist die alte Tradition in unserer Heimat bis heute ungebrochen. So wurden viele Bittgänge in den letzten Jahren wieder neu belebt. Vor allem junge Menschen entdecken wieder den Sinn der Bittgänge.

»Fliegendes« Fleisch am Himmelfahrtstag

Der bayerischen Wesensart entsprach es schon immer, das biblische Geschehen zu veranschaulichen und szenisch nachzugestalten. Erinnert sei an die Freude am Krippenbauen, an die Passionsspiele und die Palmeselumzüge. Ein Musterbeispiel dafür, wie die Worte der Heiligen Schrift die Phantasie gerade der einfachen Menschen angeregt haben, ist das Fest Christi Himmelfahrt. Es beschließt den Osterfestkreis und fällt immer auf den 40. Tag nach Ostern, also auf einen Donnerstag. In manchen Kirchen, vor allem aus der Barockzeit, kann man oben in der Mitte des Kirchengewölbes eine runde Öffnung entdecken, die im Volksmund »Heilig-Geist-Loch« heißt. Am Christi-Himmelfahrtstag wurde früher genau darunter auf einen Tisch, inmitten von Blumen und Kerzen, eine Figur des auferstandenen Christus mit der Osterfahne gestellt. Während der Nachmittagsandacht wurde sie unter dem mächtigen Jubelklang der Orgel mit einem Strick in die Höhe gezogen. So konnten die Gläubigen anschaulich die Himmelfahrt Christi erleben. Auch dieser Brauch ist in den Jahren der Aufklärung, ebenso wie viele andere Bräuche, fast

In manchen Barockkirchen kann man oben in der Mitte des Kirchengewölbes eine runde Öffnung entdecken, die im Volksmund »Heilig-Geist-Loch« heißt. Am Christi-Himmelfahrtstag wurde früher darunter eine Figur des auferstandenen Christus gestellt. Während der Nachmittagsandacht zog man sie unter Orgelklang mit einem Strick in die Höhe.

ausgestorben. In Mittenwald im Werdenfelser Land und in der ehemaligen Klosterkirche des Augustiner Chorherrenstifts Baumburg in Altenmarkt an der Alz hat er sich bis heute erhalten. In vielen Kirchen gehörte dieses geistliche Schauspiel bis zum Zweiten Weltkrieg zur Feier des Christi-Himmelfahrtsfestes. Auch war es mancherorts Sitte, daß nach dem Aufziehen der Christusfigur ein Regen von Blumen, Heiligenbildchen und sogar Backwerk herniederprasselte, was natürlich immer wieder Mißfallen erregte. Auf die Bilder und das Gebäck stürzten sich die Kinder, die Blumen wurden in Haus, Stall und Scheune als Schutz gegen Blitzgefahr verteilt.
Wie nahe christlicher Glaube und Aberglaube oft beisammen waren, zeigt auch der einstige Brauch, beim Aufziehen der Christusfigur genau darauf zu achten, in welche Richtung sie sich wandte. Denn von dort, wohin sie sich beim Hinaufschweben zuletzt drehte, sollten im Sommer die Gewitter kommen. Noch um die Jahrhundertwende sollen im Chiemgau die Bauern am frühen Morgen mit einer geweihten Bleikugel geschossen haben. Wie weit der Büchsenknall zu hören war, so weit sollte der Donnerer (der Donnerstag hat seinen Namen nach dem Gott Donar) keine Macht haben. Früher sollten an diesem Tag auch keine eisernen Ackergeräte auf dem Feld bleiben, um nicht den Blitz anzuziehen. Vor einem Gewitter am »Auffahrtstag« dagegen hatte man keine Angst, weil es den Früchten Segen bringen sollte. Und noch heute kann man den alten Volksglauben hören, daß am Himmelfahrtstag ein Gewitter kommt.
Wie wörtlich einst der Bibeltext genommen wurde, zeigt auch der folgende Brauch: In vielen Häusern kam an Christi Himmelfahrt mittags nur »fliegendes« Fleisch auf den Tisch, also Hühner, Gänse und vor allem Tauben. Im Allgäu wurden zum Himmelfahrtstag »Brotvögel« gebacken.

Wie wörtlich einst der Bibeltext genommen wurde, zeigt auch der folgende Brauch: In vielen Häusern kam an Christi Himmelfahrt mittags nur »fliegendes« Fleisch auf den Tisch, also Hühner, Gänse und vor allem Tauben. Im Allgäu wurden zum Himmelfahrtstag »Brotvögel« gebacken.

Mit der »langen Stang« auf den Bogenberg

Auf dem 120 Meter hohen, steil zur Donau hin abfallenden Bogenberg, nordöstlich von Straubing, hatten im Mittelalter die Grafen von Bogen ihre Stammburg. Erhalten blieb davon lediglich die spätgotische Marienkirche, die an die Stelle der einstigen Burgkapelle trat. Als nach der Legende die Fluten der Donau im Jahre 1104 ein steinernes Marienbildnis stromaufwärts trieben, brachte man es auf den nahen Bogenberg in die Schloßkapelle des Grafen Aswin. Das kleine Bild, das die »Muttergottes in der

Mit einer ungewöhnlichen Votivgabe ziehen die Wallfahrer aus Holzkirchen zum Bogenberg im niederbayerischen Landkreis Straubing: Einer 12,50 Meter langen »Kerze«, einer Holzstange, die mit Wachs umwickelt ist.

Hoffnung« zeigt, wurde schon bald das Ziel vieler Pilger. Und daran hat sich bis heute nichts geändert. Vom Mai bis in den Oktober hinein kommen ungezählte Wallfahrer auf den Bogenberg, einen der ältesten bayerischen Gnadenorte.

Das ungewöhnliche Kerzenopfer geht auf ein Gelübde zurück, das die Holzkirchner am Ende des 15. Jahrhunderts abgelegt haben sollen. Damals hatte eine furchtbare Borkenkäferplage ihre Wälder heimgesucht. In ihrer Not verlobten sie sich zur Muttergottes vom Bogenberg und versprachen eine Wallfahrt und eine Kerze. Und diesem Gelöbnis blieben die Holzkirchner bis heute treu.

Der Höhepunkt im Wallfahrtsjahr ist immer am Pfingstsonntag die Kerzenwallfahrt. An diesem Tag kommen nämlich die Pilger aus Holzkirchen, einem kleinen Dorf bei Vilshofen, mit einer außergewöhnlichen Votivgabe den Berg herauf: Es ist die 12,50 Meter lange und knapp einen Zentner schwere »Kerze«, die die Holzkirchner auf einem 75 Kilometer langen Weg betend zum Bogenberg hinauftragen. Bei der Kerze handelt es sich um eine spiralförmig mit Wachs umwickelte Holzstange, die auf dem langen Fußmarsch auf den Schultern getragen wird. Insgesamt sind die Wallfahrer zwei Tage unterwegs, im Kloster Niederalteich wird eine Rast eingelegt, in Deggendorf die Nacht verbracht. Wenn die Kerzenträger die Stadt Bogen erreichen, schließen sich ihnen noch weitere Beter an. Das ungewöhnliche Kerzenopfer geht auf ein Gelübde zurück,

das die Holzkirchner am Ende des 15. Jahrhunderts abgelegt haben sollen. Damals hatte eine furchtbare Borkenkäferplage ihre Wälder heimgesucht. In ihrer Not verlobten sie sich zur Muttergottes vom Bogenberg und versprachen eine Wallfahrt und eine Kerze. Und diesem Gelöbnis blieben die Holzkirchner bis heute treu.
Am Pfingstsonntag treffen die Wallfahrer gegen 13 Uhr auf dem Bogener Stadtplatz ein. Hier wird die Votivkerze gesegnet. Nun geht's hinauf auf den Bogenberg. Die »lange Stang«, wie die riesige Kerze im Volksmund heißt, wird jetzt aufgerichtet, und im Laufschritt, vorbei an den Kreuzwegstationen, zum Wallfahrtsheiligtum hinaufgetragen, was von den Trägern keine geringe Balancierungskunst erfordert. Es ist ein Kraftakt, bei dem die stärksten Burschen gefordert sind. Sie lösen sich beim Tragen der schweren Stange nach wenigen Metern ab. Auf keinen Fall darf die Kerzenstange umfallen, denn das würde nach alter Volksmeinung Unheil, sogar Krieg verheißen.
Oben angekommen, wird die lange Stang in der Kirche vor dem Chorbogen zu der vom letzten Jahr gestellt. Und die Kerze vom vorletzten Jahr wird dann nach altem Brauch in kleine Scheiben zersägt, die die Pilger als Mitbringsel und Glücksbringer mit nach Hause nehmen.

»Pfingstl« und »Wasservögel« im Bayerischen Wald

Der griechische Name für Pfingsten lautet »pentekoste hemera«, was besagt, daß dieses Fest genau 50 Tage nach Ostern folgt. Kirchlich gesehen ist Pfingsten das Fest des Heiligen Geistes, der auf die Apostel herabkam, als sie in Jerusalem versammelt waren. Die Ausgießung des Geistes wollte man dem Kirchenvolk veranschaulichen, in dem man während der Messe aus dem »Heilig-Geist-Loch« im Deckengewölbe der Kirche eine lebendige, später eine hölzerne Taube als Symbol der dritten göttlichen Person auf die Kirchenbesucher herabschweben ließ. Dieser Brauch, der oft Heiterkeit auslöste, ist ausgestorben.
Anders verhält es sich mit einem weltlichen Pfingstbrauch, der sich bis heute im Bayerischen Wald erhalten hat. In der Gegend um Cham, Regen und Kötzting kommt am Pfingstsonntag der »Pfingstl« auf Besuch zu den Leuten, die ihn schon freudig erwarten. Wer ist dieser »Pfingstl«? Dahinter verbirgt sich ein Bub, den man bis zum Kopf mit Stroh, Birkenzweigen oder auch mit

Der »Pfingstl«, Symbol des vergangenen Winters, besucht im Bayerischen Wald an jedem Pfingstsonntag die Leute in der Umgebung.

Tannenreisig umwickelt hat. Er soll den vergangenen Winter symbolisieren. Das Geleit geben dem Pfingstl junge Burschen, die in der Hand ein kleines Maibäumchen mit vielen bunten Bändern, eine »Pfingst…«, tragen. Mit diesen Begleitern, stilecht gekleidet in der Waldlertracht mit schwarzer Kniebundhose, roter Weste und schwarzem Krempenhut, beginnt nun der Pfingstl, der kaum durch das Stroh hindurchblinzeln kann, seinen Rundgang. Vor den Häusern sagen die Burschen dann jedesmal folgenden scherzhaften Reim auf:

> Alleluja, Alleluja, unser Pfingstl ist da!
> Da geht nun der Herr Pfingstl von Haus zu Haus,
> da schau'n die Leute zum Fenster heraus
> und meinen, wir sind die Rechten,
> derweil sind wir dem Pfingstl seine Knechten…

Wer ist der »Pfingstl«? Dahinter verbirgt sich ein Bub, der bis zum Kopf mit Stroh, Birkenzweigen oder Tannenreisig umwickelt ist. Er soll den vergangenen Winter symbolisieren.

Nun werden sie mit Eiern beschenkt. Mit dem Dank für die Geschenke verbinden sie beim Weggehen den Segenswunsch, »daß man sich im nächsten Jahr in Freuden wiederfinden möge.«
In der Gegend von Freyung und Wolfstein kennt man am Pfingstsonntag einen anderen, nur dort heimischen Brauch: das Wasservogel-Singen. Am Abend ziehen Burschen und jüngere Männer, alle wasserfest gekleidet, von Hof zu Hof und singen Löbliches, aber auch deftige Spottverse auf die Hausleut. Diese dürfen sich dafür dann rächen, indem sie die »Wasservögel« von einem Fenster oder Balkon aus mit einem Kübel kalten Wassers begießen. Der Sinn des Brauches, der in den letzten Jahren wiederbelebt wurde, ist ziemlich unklar. Wahrscheinlich handelt es sich um einen alten Fruchtbarkeitszauber, durch den ein trockener Sommer abgehalten werden sollte. Das Wasser galt schon in alter Zeit als Element und Symbol der Fruchtbarkeit. In dem Brauch kann aber auch eine Darstellung des Kampfes zwischen Winter und Frühling gesehen werden.
Von einem »Pfingstl« ganz anderer Art soll nun noch die Rede sein: In manchen Orten der nördlichen Oberpfalz war es früher Brauch, in der Nacht zum Pfingstsonntag auf Hausdächer heimlich den Pfingstl zu setzen, eine lebensgroße Puppe aus Stroh in Männerkleidern. Damit wollte man einem Mädchen, das wegen ihres Lebenswandels verrufen war, einen »Denkzettel« verpassen. Der Pfingstl, der auch Pfingstlümmel oder Pfingsthansl hieß, setzte ein derartig gekennzeichnetes Mädchen dem Gespött der Leute aus. Es ist verständlich, daß diese Form öffentlicher Verurteilung immer wieder zu unerfreulichen Zwischenfällen führte, was diesen Brauch nicht gerade beliebt gemacht hat.

Der Kötztinger Pfingstritt

Echtes bayerisches Brauchtum kann erleben, wer zu Pfingsten nach Kötzting im Bayerischen Wald kommt. Hier findet alljährlich am Pfingstmontag der traditionelle Pfingstritt statt. Schon Tage vorher wird die kleine Stadt in Ostbayern festlich mit Girlanden und Fahnen zum Empfang der etwa 600 Reiter herausgeputzt, die aus der näheren und weiteren Umgebung zum Pfingstritt kommen. In ihrer strengen Oberpfälzer Tracht, mit langen dunkelblauen Mänteln, schwarzen Hosen und Lederstiefeln, reihen sie sich mit ihren schweren Rössern in den Zug ein. Unter feierlichem Glockengeläute verlassen sie um acht Uhr früh den Marktplatz und ziehen, den Rosenkranz betend, zum etwa sieben Kilometer entfernten Nikolauskirchlein von Steinbühl im Zellertal.

An der Spitze des Zuges reitet der Kreuzträger, gefolgt von zwei Laternenträgern, zwei Fanfarenbläsern und einem Priester, ebenfalls hoch zu Roß, der an vier Haltepunkten aus dem Evangelium vorliest. Mit dabei sind auch der Pfingstbräutigam des betreffenden Jahres und seine beiden Brautführer. In Steinbühl angekommen, werden die Pferde unter schattigen Bäumen abgestellt, die Reiter begeben sich zum Gottesdienst in die dortige Wallfahrtskirche St. Nikolaus. Nach dem Segen und einer kurzen Rast brechen die Pfingstreiter mittags wieder zum Heimritt auf, und auch dabei wird der Rosenkranz gebetet. Bei der Rückkehr in die Stadt wird der Reiterzug mit Glockengeläute, Fanfarenklängen und Böllern empfangen.

Der Kötztinger Pfingstritt, das größte Brauchtumsfest Ostbayerns, geht nach der Legende auf ein Geschehen im Jahre 1412 zurück. Damals wurde der Pfarrer von Kötzting nachts zu einem schwerkranken Bauern nach Steinbühl gerufen, um ihm die Sterbesakramente zu bringen. Wegen der Dunkelheit und der allgemeinen Unsicherheit auf den Straßen ließ sich der Geistliche bei seinem Versehgang von jungen Männern begleiten. Auf dem Rückweg wurde er aber von Räubern überfallen, denen er nur mit Not entkam. Zum Dank für seine Errettung gelobte der Pfarrer eine alljährliche Pfingstwallfahrt nach Steinbühl, die später in einen Ritt umgewandelt wurde.

Der Kötztinger Pfingstritt, das größte Brauchtumsfest Ostbayerns, geht nach der Legende auf ein Geschehen im Jahre 1412 zurück. Damals wurde der Pfarrer von Kötzting nachts zu einem schwerkranken Bauern nach Steinbühl gerufen, um ihm die Sterbesakramente zu bringen. Wegen der Dunkelheit und der allgemeinen Unsicherheit auf den Straßen ließ sich der Geistliche bei seinem Versehgang von jungen Männern begleiten. Auf dem Rückweg wurde er aber von Räubern überfallen, denen er nur mit Not entkam. Zum Dank für seine Errettung gelobte der Pfarrer eine alljährliche Pfingstwallfahrt nach Steinbühl, die später – anläßlich einer schlimmen Viehseuche – in einen Ritt umgewandelt wurde.

Pferde und Reiter treffen sich alljährlich im ostbayerischen Kötzting zum traditionellen Pfingstritt am Pfingstmontag.

Nach alter Tradition reitet in der langen Prozession nach Steinbühl auf einem besonders schön geschmückten Pferd auch ein junger Bursche, der Pfingstbräutigam, mit. Auf dem Marktplatz überreicht ihm der Geistliche auf Vorschlag des Stadtrates das Tugendkränzchen. Er, der »ledig, unbescholten und katholisch« sein soll, hat nun das Recht, sich unter den Bürgerstöchtern die Pfingstbraut auszusuchen.

Nach dem Ende des Festaktes formiert sich vor dem Haus des Pfingstbräutigams der Burschen- und Brautzug zur Pfingsthochzeit. In feierlichem Geleit wird nun die Pfingstbraut abgeholt und ihr am Alten Rathaus ein Ehrentrunk gereicht. Noch bis zum Abend ziehen die Pfingsthochzeiter mit ihrer Gefolgschaft und unter dem Jubel der Zuschauer durch die Straßen der Stadt.

Das Englmari-Suchen in Sankt Englmar

Im höchstgelegenen Kirchdorf des Bayerischen Waldes, in Sankt Englmar, kann man alljährlich am Pfingstmontag einen Brauch erleben, der auf eine Bluttat zurückgeführt wird. Hier, in den umliegenden Wäldern, hatte um das Jahr 1100 der Eremit Englmar eine kleine Einsiedlerzelle.

Die Schlichtheit, die den religiösen Brauch des Englmari-Suchens aus der Barockzeit auszeichnet, ist Ausdruck einer tiefen Frömmigkeit des Bayerwaldvolkes. Gerade deshalb ist dieser Brauch auch heute noch so überzeugend.

Aus Neid, wie es in der Lebensbeschreibung des Heiligen heißt, sei er von einem Mitbruder erschlagen worden. Nach einer anderen Quelle soll die Untat ein Knecht des Grafen von Bogen begangen haben, der dem Einsiedler Essen bringen sollte. Nach der Legende fand ihn schließlich ein Geistlicher, der auf einem Versehgang war, an einem Pfingstmontag verscharrt unter Reisig. Der erboste Graf wollte daraufhin den Leichnam des frommen Mannes, der beim Volk hoch verehrt wurde, auf den Bogenberg überführen lassen, doch sollen sich die Pferde geweigert haben, ihn dort hinaufzuziehen.
So wurde der heilige Englmar ins Tal gebracht und über der Bestattungsstelle eine kleine Kapelle errichtet. Als diese nach Jahren nicht mehr all die Wallfahrer fassen konnte, die zum Grab des Eremiten kamen, erbaute man eine Kirche, eine Vorläuferin der heutigen Pfarrkriche von Sankt Englmar.
Das Leben des Heiligen, vor allem aber sein Ende durch die Hand eines Mörders, hat zu allen Zeiten die Phantasie des Volkes

BRAUCHTUMSFESTE IM MAI

vor dem 1. Mai:
»Freinacht«-Treiben in der Nacht zum 1. Mai; Maibau-Stehlen.

1. Mai:
Maibaum-Aufstellen, vor allem im südlichen Bayern und in Schwaben.

im Mai:
Marienverehrungs-Bräuche (Mai-Andachten: vor allem die Marien-Andachten in Schliersee mit Lichterprozession).
Wallfahrten zu Gnaden-, Marien-, Christus- oder Heiligenbildern an verschiedenen Wallfahrtsorten (insgesamt allein etwa 400 Marienbild-Wallfahrten).
Bedeutende Wallfahrtsorte: Andechs, Scheyern, Neuburg an der Donau, Dettelbach, Freystadt, Würzburg, Maria Eich, Mariabuchen, Maria Birnbaum, Bettbrunn, Biberbach, Kreuzberg in der Rhön, Wies bei Steingaden, Inchenhofen, Sulzbach-Rosenberg, Passau, Amberg, Birkenstein, Regensburg, Vierzehnheiligen und Altötting.
Bittgänge und Flurprozessionen.
Stabenfest in Nördlingen.

angeregt. In der Barockzeit hat man seinen Lebenslauf in großen Tafelbildern und erklärenden Versen dargestellt. Diese Legendentafeln haben in der Pfarrkirche ihren Platz gefunden.
Zum Gedächtnis an die Auffindung des heiligen Eremiten veranstalten die Einwohner von Sankt Englmar, der dem Ort den Namen gegeben hat, alljährlich ihr religiöses Spiel: das Englmari-Suchen. In einer langen Prozession ziehen am Pfingstmontag Tausende betend durch das Dorf hinauf zum Kapellenberg, wo dann eine Figur des Heiligen, unter Reisig versteckt, »gefunden« wird. Nach einer Feldmesse wird diese dann in einem farbenprächtigen Reiterzug feierlich ins Dorf zurückgebracht. Der Pfarrer reitet dabei in vollem Ornat vor dem Ochsenwagen, auf den die Englmar-Figur gelegt wird.
Die Schlichtheit, die diesen religiösen Brauch aus der Barockzeit auszeichnet, ist Ausdruck einer tiefen Frömmigkeit des Bayerwaldvolkes. Gerade deshalb wirkt das Englmari-Suchen auch heute noch so überzeugend.

Christi Himmelfahrt (40 Tage nach Ostern, immer an einem Donnerstag):
Himmelfahrtsfest in Mittenwald und in Altenmarkt an der Alz.

Ende Mai/Anfang Juni:

Pfingstsamstag:

Pfingstritt in Ochsenfurt und Bratwurstfest.

Pfingstsonntag:
Wallfahrt mit der »langen Stang« von Holzkirchen bei Vilshofen
zum Bogenberg in Bogen, nordöstlich von Straubing.
»Pfingstl«-Besuch in Cham, Regen und Kötzting.
Wasservogel-Singen in Freyung und Wolfstein.

Pfingstmontag:
Kötztinger Pfingstritt in Kötzting (Bayerischer Wald).
Englmari-Suchen in St. Englmar (Bayerischer Wald).
Rothenburger Festspiel »Der Meistertrunk«.
Fischerstechen in Nürnberg.

Ende Mai:
Auer Dult in München.
Maifest in Feuchtwangen.

Wie's im JUNI der Brauch ist

Das Fronleichnamsfest, das die katholische Kirche am zweiten Donnerstag nach Pfingsten feiert, ist ein richtiges Frühlingsfest – Gläubige bei der Fronleichnamsprozession in Regensburg.

Der Juni ist der erste Sommermonat. An Bäumen und Sträuchern zeigen sich in diesen Tagen die größten Triebe, die Rosen stehen in voller Blüte. Je nach Witterung beginnt in diesem Monat die Heumahd, die heute mit Hilfe der Maschinen – bei günstiger Witterung – in wenigen Tagen abgeschlossen ist.
Früher mußten vor der Mahd die Sensen gedengelt werden. Ganz früh am Morgen begann dann die schwere Arbeit des Mähens. Die warmen Junitage erlauben es dem Gebirgsbauern, das Vieh wieder auf die Almen zu treiben, wo es um diese Zeit auch ausreichend Futter findet.
Ein Höhepunkt in diesem Monat ist das Fronleichnamsfest, das sich gerade auf dem Lande durch außergewöhnliche Prachtentfaltung von den übrigen Festen des Kirchenjahres abhebt. Als großes weltliches Fest bringt dieser Monat die Sonnwendfeier, die im christlichen Sinn am Johannitag begangen wird. An diesem Tag werden seit ältester Zeit die Sonnwendfeuer abgebrannt. In vielen Bräuchen drückt sich die Freude über den Sieg der Sonne über die Finsternis aus. Der Sommer hat nun seinen Höhepunkt erreicht. Am Ende des Monats findet der Siebenschläfertag stets Beachtung. Er gilt als wichtiger Lostag für das Wetter der kommenden sieben Wochen.

Fronleichnam – der grosse Prangertag

Das bayerische Brauchtumsjahr kennt viele schöne Feste, wohl das prächtigste ist das Fronleichnamsfest, das die katholische Kirche am zweiten Donnerstag nach Pfingsten feiert. In dieser Zeit zeigt sich die Natur in ihrem schönsten Kleid, in Gärten, Wiesen und Feldern grünt und blüht jetzt alles. Fronleichnam ist daher wie Pfingsten ein richtiges Frühlingsfest.
Das Fronleichnamsfest geht auf eine Vision einer belgischen Klosterschwester aus Lüttich im Jahre 1246 zurück. Auf ihre Anregung hin setzte es Papst Urban IV. im Jahre 1264 zu Ehren der heiligen Eucharistie ein. Damit sollte der »Leib des Herrn« (das ist die Übersetzung des mittelhochdeutschen Wortes »fronleichnam«), der in der Hostie gegenwärtig ist, besonders verehrt wer-

den. In Bayern heißt der Fronleichnamstag im Volksmund auch »Großer Antlaßtag«, womit auf den Gründonnerstag Bezug genommen wird.
Der große Thomas von Aquin bereicherte das neue Fest, das 1317 in der gesamten katholischen Kirche eingeführt wurde, durch Lobeshymnen: »Lauda Sion Salvatorem, lauda ducem et pastorem in hymnis et canticis: Lobe, Sion, den Erlöser, preise deinen Herrn und Hirten in Hymnen und Liedern«.
Schon bald nach der Einführung des Festes war mit der Feier eine Prozession verbunden. Erste Prozessionen sind belegt 1305 in Augsburg, 1343 in München, 1381 in Würzburg, 1407 in Frei-

Eine Fronleichnamsprozession auf dem Staffelsee bei Murnau.

sing. Und bereits aus dem Jahre 1484 ist uns eine erste Münchner Prozessionsordnung überliefert, die den Zünften eine führende Stellung beim feierlichen Umzug zuweist. Nach einem genau festgelegten Reglement beteiligten sich daran 43 Gewerbe, die untereinander um die besten Plätze stritten. Höhepunkte der Fronleichnamsprozession im späten Mittelalter waren »lebende Bilder« von Szenen aus dem Alten und Neuen Testament. Im 17. und 18. Jahrhundert traten an die Stelle der Zünfte Bruderschaften als tragendes Element in den Prozessionen. Sie waren es vor allem, die für all die barocke Pracht sorgten, die wir uns heute nicht mehr vorstellen können. Die Umzüge sollten, ganz im Sinne der Gegenreformation, den katholischen Glauben eindrucksvoll und auch kämpferisch zur Schau stellen. So mußte es nicht verwundern, wenn diese Prachtentfaltung in der Zeit der Aufklärung erheblichen Widerspruch erregte.

Im 17. und 18. Jahrhundert traten an die Stelle der Zünfte Bruderschaften als tragendes Element in den Prozessionen. Sie waren es vor allem, die für all die barocke Pracht sorgten, die wir uns heute nicht mehr vorstellen können. Die Umzüge sollten, ganz im Sinne der Gegenreformation, den katholischen Glauben eindrucksvoll und auch kämpferisch zur Schau stellen. So mußte es nicht verwundern, wenn diese Prachtentfaltung in der Zeit der Aufklärung Widerspruch erregte.

Wenn auch vom einstigen Pomp und Prunk heute nur noch wenig geblieben ist, gilt Fronleichnam bis heute im Volksmund als der »Prangertag«, das volkstümlichste religiöse Fest des Kirchenjahres. Der Prozessionsweg ist mit Birkenbäumchen eingesäumt, die Häuser werden mit grünen Girlanden und roten Tüchern geschmückt, auf der Straße werden Blumenteppiche ausgebreitet, dazwischen wird frisches Gras gestreut. Und nach alter Tradition werden in der Prozession Fahnen, Standarten, Bilder, Figuren, Leuchter und Kerzen mitgetragen. Und natürlich fehlen fast nirgends Musikanten, die die vertrauten Fronleichnamsgesänge intonieren.

An vier Stellen des »Umgangs«, wie die Prozession in Bayern heißt, sind Altäre, reich geschmückt mit Birkenbäumchen und Blumen, errichtet, an denen der Pfarrer den Anfang eines der vier Evangelien feierlich vorträgt. Jeweils zum Schluß erteilt er den Wettersegen. Im bayerischen Oberland, z. B. in Schliersee, Benediktbeuern, Lenggries, Wackersberg, Oberaudorf, Mittenwald, geben die Gebirgsschützen, »die Antlaßschützen«, in ihren farbenprächtigen historischen Uniformen dem Allerheiligsten die Ehre. Wenn sie beim Segen auf Befehl ihres Kommandanten die Böller krachen lassen, gibt das einen donnernden Salut.

Auf dem Lande finden gewöhnlich zwei Fronleichnamsprozessionen statt: am Fronleichnamstag die »große« und am darauffolgenden Sonntag die »kleine« Prozession.

Eine Prozession am Fronleichnamstag in Kreuth.

Der eine Umzug geht durch das Dorf, der andere durch die umliegenden Fluren. In den großen Städten ist am Donnerstag die allgemeine Prozession, an der sich alle Pfarreien beteiligen. Am Sonntag führen manche Pfarreien in ihrem Bereich noch einen eigenen Umzug durch.
Die Feier des Festes hat gewöhnlich folgenden Verlauf: Nach der Messe, die in der Kirche oder im Freien gefeiert wird, setzt sich die Prozession in Bewegung, voraus das geschmückte Kreuz, gefolgt von den Schulkindern und den Erstkommunikanten, die Blumen auf den Weg streuen. Ihnen schließen sich Vertreter der

BAUERN- UND WETTERREGELN

Wenn im Juni Nordwind weht,
das Korn zur Reife trefflich steht.

Regen am Trinitatistag (Dreifaltigkeitssonntag),
sieben Wochen es regnen mag.

Regnet es an Medardi (8. Juni),
bleibt das Wetter vierzig Tag unbeständig.

Nach St. Veit (15. Juni) ändert sich die Zeit,
alles geht auf die andere Seit'.

Gibt's im Juni Donnerwetter,
wird das Getreide fetter.

Kalter Juniregen
bringt Wein und Honig keinen Segen.

Vor Johanni (24. Juni) bitt um Regen,
nachher kommt er ungelegen.

Ist der Siebenschläfertag (27. Juni) naß,
regnet's weiter ohne Unterlaß.

Sollen gedeihen Korn und Wein,
muß der Juni trocken sein.

Regnet's am St.-Peters-Tag (29. Juni),
drohen dreißig Regentag.

örtlichen Vereine, Berufsgruppen und Bruderschaften jeweils mit ihren Fahnen und Standarten an, dazwischen werden immer wieder Heiligenbilder und Statuen mitgetragen. In der Mitte des Zuges schreitet unter dem Traghimmel der Geistliche mit der goldenen Monstranz, flankiert von den Ministranten. Unmittelbar dahinter kommen die Honoratioren. In München ging zu Zeiten der Monarchie hinter dem Allerheiligsten immer auch der König mit. Heute sind es Mitglieder der Staatsregierung und des Landtages, die die Staatsspitze repräsentieren.

Zu einem Fest ganz besonderer Art wird die Fronleichnamsprozession, wenn sie auf dem Wasser abgehalten wird. Die berühmteste war die auf dem Chiemsee, die 1972 eingestellt wurde. Eine eindrucksvolle Seeprozession kann man noch auf dem Staffelsee bei Murnau erleben: Nach dem festlichen Gottesdienst in der Pfarrkirche von Seehausen besteigen die Gläubigen blumengeschmückte Boote und Kähne und folgen dem Schiff, in dem der Pfarrer mit dem Traghimmel und den Fahnen Platz genommen hat. Viermal halten die Boote an, wenn der Geistliche auf dem Wasser das Evangelium verkündet.

Auf dem Lande finden gewöhnlich zwei Fronleichnamsprozessionen statt: am Fronleichnamstag die »große« und am darauffolgenden Sonntag die »kleine« Prozession. Der eine Umzug geht durch das Dorf, der andere durch die umliegenden Fluren.

In manchen Gegenden werden bei der Prozession kleine Kränze aus Birkenlaub, Wiesenblumen, Kräutern und Gräsern, sogenannte Fronleichnamskranzl, mitgetragen. Von jeher wird diesen Kränzen eine große Segenskraft zugesprochen, weshalb man sie in der Stube in den Herrgottswinkel hängt, um das Haus vor Unwetter zu schützen. Ähnliche Kräfte werden auch den Birkenzweigen, den »Prangerstauden«, nachgesagt, die am Prozessionsweg aufgestellt werden. Man reißt sie nach der Prozession ab und steckt sie in die Wohnräume, in den Stall und in die Scheune. Das Prangergras, das man auf den Prozessionsweg streut, hat man früher dem Vieh unter das Futter gemischt.

Blumen zum Brunnenfest in Wunsiedel

Wunsiedel ist berühmt wegen seiner Luisenburgfestspiele, die alljährlich Gäste aus aller Welt in seine Mauern führen. Jedes Jahr am Samstag vor dem Johannitag legt die Stadt im Fichtelgebirge ihr schönstes Kleid an, denn an diesem Tag feiert der Geburtsort des Dichters Jean Paul sein Brunnenfest.

In Wunsiedel plätschern noch heute 23 Brunnen, die über die ganze Stadt verteilt sind. Diese Wasserstellen waren einst der Treffpunkt von jung und alt, hier konnte man Neuigkeiten erfahren. Inzwischen haben diese Brunnen längst nicht mehr ihren früheren Dienst zu leisten, in denkmalpflegerischer Umsicht hat

man aber die einstigen Wasserspender dem Stadtbild erhalten. Nach alter Tradition kommt für sie jedes Jahr zur Zeit der Sommersonnenwende der Tag höchster Prachtentfaltung. In den frühen Morgenstunden werden in Gemeinschaftsarbeit Körbe mit Blumen aus Wiesen, Gärten und Wäldern herbeigeschafft, um von geübten Händen in farbenprächtige Blumenteppiche und Ornamente verwandelt zu werden. Wenn noch Girlanden, Kerzen und Lampen dazukommen, erstrahlt jeder Brunnen in einem überaus schmucken, festlichen Kleid. Damit die Blumen die Mittagshitze überstehen, ist sogar ein eigener Blumendienst eingerichtet. Es müssen wirklich alle zusammenhelfen, um jedem Brunnen ein sommerliches Blumenkleid überzuziehen.
Am Abend des Brunnenfestes versammeln sich Sänger und Musikanten vor den Blumenarrangements und bringen nächtliche Ständchen dar, zum Stolz und zur Freude der fleißigen Wunsiedler Bürger und zum Vergnügen der vielen Fremden, die im Sommer in die Festspielstadt kommen.
Der Ursprung des Wunsiedler Brunnenfestes ist bis heute nicht genau geklärt. Nach einer Legende sollen einst alle Pumpbrunnen der Stadt infolge einer außergewöhlichen Hitzeperiode versiegt sein, so daß Menschen und Tiere große Wassernot litten. Als das Wasser wieder floß, habe man zum Dank Kränze gewunden und

Zur Zeit der Sommersonnenwende findet in Wunsiedel das Brunnenfest statt. Dazu werden alle Brunnen der Stadt prächtig mit Blumen geschmückt.

damit die Brunnen geschmückt. Heimatforscher dagegen sind überzeugt, daß das Brunnenfest auf einen alten heidnischen Brauch zurückgeht.

Johannisfeuer zur Sonnwend

Sommersonnenwende - die Sonne hat den höchsten Stand des Jahres erreicht. »Von Veitl bis zua Hanneskent, braucht d'Sunna bis zua Umawend.« So beschreibt ein alter Bauernspruch die Sommersonnenwende, denn vom St. Veitstag (Vitius, 15. Juni) an strebt die Sonne mit aller Kraft ihrem Höhepunkt zu. Seit ältester Zeit wurden die längsten Tage und kürzesten Nächte freudig begrüßt. Nach einem sehr alten Brauch, der in vorchristliche Zeiten zurückreicht, werden deshalb auf Anhöhen Sonnwendfeuer entzündet. Dem beliebten heidnischen Brauch versuchte die Kirche schon frühzeitig dadurch entgegenzuwirken, daß sie das Namensfest des heiligen Johannes des Täufers (24. Juni) mit dem Sonnwendfeuer in Verbindung brachte. So erklärt es sich auch, daß das Sonnwendfeuer bei uns zum Johannisfeuer geworden ist.

Der etwas in Vergessenheit geratene Brauch erfreut sich in den letzten Jahren wieder steigender Beliebtheit, vor allem durch die Bemühungen der Trachtenvereine und Heimatpfleger, die gerade die Jugend wieder für den alten Brauch begeistern können. Wie früher wird gemeinsam das Holz »beschafft« und zu riesigen Stößen aufgeschichtet. In der Oberpfalz mußte früher jeder, der zum Johannisfeuer ging, von zu Hause ein Scheit Holz mitbringen. Als Feuerstelle wählt man mit Vorliebe einen erhöhten Platz außerhalb des Ortes oder, wie in Gebirgsgegenden, einen Berggipfel. Wenn das Feuer angezündet ist, verfolgen alle, wie sich die Flammen allmählich den Holzstoß hinauffressen. Die Jugend wartet darauf, sobald es die Flammen erlauben, über die Glut zu springen, einzeln oder auch paarweise, was nach altem Volksglauben Glück bringen soll. Ein junges Paar kann mit einem mutigen Feuersprung offen seine Liebe zeigen, auch dann, wenn es nicht immer zum Heiraten reicht. Früher wurden dem Johannisfeuer außergewöhnliche Segenskräfte nachgesagt. So glaubte man, daß es Mensch und Tier vor Krankheiten schützt und Lebenskraft spendet. Die Asche verstreuten die Bauern über die Felder.

Früher wurden dem Johannisfeuer außergewöhnliche Segenskräfte nachgesagt. So glaubte man, daß es Mensch und Tier vor Krankheiten schütze und Lebenskraft spende. Die Asche verstreuten die Bauern über die Felder, die restlichen Kohlen wurden in den Acker eingegraben.

BRAUCHTUMSFESTE IM JUNI

1. Wochenende nach Pfingsten:
Hofdult in Altötting (bis Fronleichnam).

2. Donnerstag nach Pfingsten (Fronleichnam):
Fronleichnams-Prozessionen (seit 1305 in Augsburg, seit 1343 in München, seit 1381 in Würzburg, seit 1407 in Freising).
Fronleichnams-Prozession mit Gebirgsschützen in Schliersee, Benediktbeuern, Lenggries, Wackersberg, Oberaudorf und Mittenwald.
Fronleichnams-Prozession auf dem Staffelsee von Seehausen aus.

2. Juni-Wochenende:
»Massinger Sonnewend« im Bauernhofmuseum in Massing.

14. Juni:
Schwedenprozession in Kronach.

Samstag vor Johanni:
Brunnenfest in Wunsiedel im Fichtelgebirge am Geburtstag des in Wunsiedel geborenen Dichters Jean Paul.

24. Juni:
Johannifeuer zur Sonnwend.

Ende Juni/Anfang Juli:
Frundsbergfest in Mindelheim (alle drei Jahre).

Blumenschmuck an einem Wunsiedeler Brunnen.

Wie's im Juli der Brauch ist

In diesem Monat, der im römischen Kalender nach Julius Caesar benannt wurde, wird es ruhig mit Festen und Feiern. Je nach Witterung bringt der Juli den Bauern bereits den Beginn der Erntearbeiten. Früher erhielt am Jakobitag das Gesinde den Erntetaler ausbezahlt. Für die Nichtlandwirte und die Schüler beginnen in diesem Monat der ersehnte Urlaub und die Ferien. Erfahrungsgemäß wird es im Juli sehr heiß, vor allem zur Zeit der »Hundstage«. Da ist gut dran, wer sich an die vielen Seen und Bäder oder in die schattigen Biergärten flüchten kann. Vielerorts finden Trachten- und Volksfeste mit festlichen Umzügen statt. Historische Feste, die landauf landab in Szene gesetzt werden, ziehen viele Zuschauer aus nah und fern an. Zwei Wetterlostage gilt es in diesem Monat zu beachten: Mariä Heimsuchung (2. Juli) und der Pilgerheilige Jakobus (25. Juli).

Bei der Landshuter Fürstenhochzeit

Daß man in Bayern etwas aufs Feiern hält und auch davon etwas versteht, davon will auch dieses Buch Zeugnis geben. Aus der Reihe der Festivitäten ragen besonders die historischen Feste heraus, die überall mit großer Begeisterung und Heimatverbundenheit alljährlich in Szene gesetzt werden.

Eine Sonderstellung in der Reihe der historischen Feste kann zweifelsohne das größte dieser Art in Deutschland beanspruchen, das stellvertretend für die vielen anderen vorgestellt werden soll: die Landshuter Fürstenhochzeit.

Mit diesem Fest wollen die Landshuter Bürger alle vier Jahre an die glanzvolle Fürstenhochzeit von 1475 erinnern, als der 20jährige reiche Bayernherzog Georg aus dem Geschlecht der Wittelsbacher mit Hedwig, der 18jährigen Tocher des polnischen Königs Kasimir IV., vermählt wurde. Diese Hochzeit gilt als eines der prunkvollsten Feste des ausgehenden Mittelalters. Da sich die historische Kulisse der Landshuter Altstadt über fünf Jahrhunderte kaum verändert hat, gibt sie bis in unsere Zeit den passenden äußeren Rahmen ab, um dieses herausragende Ereignis in einem glanzvollen Historienspektakel nachzuvollziehen.

Auf dem Festplatz vor der Kirche bei der Landshuter Fürstenhochzeit. Dieses historische Fest erinnert an eine tatsächliche Fürstenhochzeit aus dem Jahre 1475 (rechte Seite).

Im Mittelpunkt der Fürstenhochzeit, die seit 1903 in einem vierjährigen Rhythmus jeweils Ende Juni/Anfang Juli gefeiert wird, steht der große Festzug. Er soll an den Brautzug erinnern, mit dem Herzog Georg die junge Prinzessin feierlich aus ihrer polnischen Heimat über Posen, Berlin, Wittenberg, Nürnberg, Ingolstadt und Moosburg nach Landshut heimholte. Als Hedwig nach zweimonatiger Reise unter dem Geleit polnischer Fürsten und Beamter am 14. November in der festlich herausgeputzten Stadt eintraf, erwartete sie ihr Gemahl zusammen mit Kaiser Friedrich III. und dessen Sohn Maximilian, sowie mit Fürsten und Bischöfen. Nun zog das fürstliche Paar mit deutschen und polnischen Adeligen und unter den Klängen von 200 Trompeten, Posaunen und Pauken in die damals noch nicht ganz vollendete St.-Martins-Kirche ein. Vor dem Hochaltar wurde die vereinbarte Ehe geschlossen, die »ein Nutz sollte sein für Christenheit und Reich«. Der Vermählung der Fürstenkinder waren fast zweijährige Verhandlungen zwischen Abgesandten des Bayernherzogs und der polnischen Königsfamilie vorausgegangen. Schließlich gelang der mit reichlichen Geschenken ausgestatteten Gesandtschaft aus Bayern der Abschluß eines Ehevertrages.

Das Hochzeitsfest, das nach der Vermählung des Fürstenpaares in der Martinskirche gefeiert wurde, war wohl einmalig: Der Kaiser und sein Sohn waren ebenso wie das gemeine Volk eine ganze Woche lang Gäste des »reichen Herzogs«. Auf seine Kosten konnten in diesen Tagen die Wirte die Hochzeitsgäste verköstigen, Bäcker und Metzger gaben ihre Waren umsonst ab. Insgesamt wurden von der Hochzeitsgesellschaft, was genaue Aufzeichnungen belegen, verspeist: 300 ungarische Ochsen, 6200 Hühner, 5000 Gänse, 75 000 Krebse, 75 Wildschweine und 162 Hirsche, dazu wurden 430 Fässer Wein leer getrunken. Die Ausgaben betrugen insgesamt 60 766 rheinische Gulden, was nach heutigem Geld mehreren Millionen entspricht. Die Fürstenhochzeit war eines der eindrucksvollsten Feste des ausgehenden Mittelalters und ließ noch einmal die Idee von einem geeinten Europa, der Einheit des Abendlandes, aufflammen.

Bei der Landshuter Hochzeit im Jahre 1475 wurden von der Hochzeitsgesellschaft insgesamt 300 ungarische Ochsen, 6200 Hühner, 5000 Gänse, 75 000 Krebse, 75 Wildschweine und 162 Hirsche verspeist, dazu wurden 430 Fässer Wein getrunken.

Obgleich die heutige Fürstenhochzeit keinen Vergleich mit dem Ereignis von 1475 zuläßt, sind die Landshuter doch sehr um Geschichtstreue bemüht: Federführend ist bei dem großen Fest der 1903 gegründete Verein »Die Förderer«. So ziehen im Festzug etwa 2000 Landshuter Bürger jeden Alters und Standes mit, stilecht gekleidet als Landsknechte, Fahnenschwinger, Gaukler, Stadtknechte, Ritter, Dudelsackbläser, Zigeuner und Marketenderinnen. Dazwischen sind immer wieder Musikanten auf alten Instrumenten zu hören. Und was besonders wichtig ist: Die historische Kulisse der Landshuter Altstadt, über fünf Jahrhunderte kaum verändert, gibt den passenden äußeren Rahmen ab. An den festlichen Umzug schließen sich auf einer Wiese außerhalb der Stadt nach historischem Vorbild noch Turnierspiele an.

BAUERN- UND WETTERREGELN

Mariä Heimsuchung (2. Juli) wird's bestellt,
wie's Wetter vierzig Tage hält.

Wenn der Juli fängt mit Tröpfeln an,
wird man noch lange Regen han.

Einer Reb und einer Geiß,
ist's im Juli nie zu heiß.

Sankt Kilian (8. Juli)
stellt die ersten Schnitter an.

Gegen Margarethen (20. Juli) und Jakoben (25. Juli)
die stärksten Gewitter toben.

Was im Herbst soll geraten,
das muß die Julisonne braten.

Wenn es an Jakobi regnet,
ist der Wein nicht sehr gesegnet.

Juliregen nimmt den Erntesegen.

Hundstage hell und klar
zeigen an ein gutes Jahr.
Werden Regen sie begleiten,
kommen nicht die besten Zeiten.

Juli heiß,
lohnt Müh und Schweiß.

Vor passender Kulisse – im Hintergrund die Burg Trausnitz – finden bei der Landshuter Hochzeit auch Turnierspiele statt.

Fahnenschwinger, Ringelstecher und Ritter in eiserner Rüstung messen sich wie einst im höfischen Kampf. Ein Hoflager im Stil des 15. Jahrhunderts mit Zelten, Pferden und offenem Feuer bildet die stilechte Umrahmung dieses Schauspiels.

Zur Fürstenhochzeit gehört auch ein Fest- und Tanzspiel, das im Prunksaal des Rathauses aufgeführt wird. Es zeigt die Hochzeitsvorbereitungen sowie die Stationen der weiten Reise, den Abschied in Krakau und die Vermählung in Landshut. Hier erleben die Zuschauer bei Vokal- und Instrumentalmusik die einzigartige Atmosphäre dieser mittelalterlichen Stadt am Fuße der Burg Trausnitz.

Zur Fürstenhochzeit gehört auch ein Fest- und Tanzspiel, das im Prunksaal des Rathauses aufgeführt wird. Es zeigt die Hochzeitsvorbereitungen sowie die Stationen der weiten Reise von Polen nach Bayern, den Abschied in Krakau und die Vermählung in Landshut. Hier erleben die Zuschauer bei Vokal- und Instrumentalmusik die einzigartige Atmosphäre dieser mittelalterlichen Stadt am Fuße der Burg Trausnitz.
Den Rathaussaal zieren seit 1880 auch Szenen der Hochzeit des Jahres 1475: die feierliche Einholung der polnischen Prinzessin durch den bayerischen Herzog Georg. Diese ausdrucksstarken Fresken haben auch den Anstoß gegeben, das große Ereignis in einem Festzug wieder lebendig werden zu lassen.

Die Kiefersfeldener Ritterspiele

Um es vorweg zu sagen: Das Kiefersfeldener Volkstheater kann und darf nicht mit einem der im Alpenland üblichen Bauerntheater verglichen werden. Dafür hat die Lust am Theaterspielen in Kiefersfelden, dem einladenden Gebirgsdorf im Inntal an der österreichischen Grenze, eine viel zu lange Tradition.
Bereits im Jahre 1618 schlossen sich Kiefersfeldener und Tiroler Arbeiter zu einer Spielgemeinschaft zusammen. In späterer Zeit entstand eine »Theaterhütte«, vor 150 Jahren wurde dann die »Komödienhütte« gebaut, in der – nach einem Umbau – auch heute noch gespielt wird.
Nicht ohne Stolz bezeichnen die Kiefersfeldener ihr Volkstheater als das älteste dieser Art in Deutschland. Und weiter ist bemerkenswert: Seit bald zweihundert Jahren führen sie nur Stücke auf, die der Zillertaler Holzknecht und Köhler Josef Schmalz um das Jahr 1800 für ihr Dorftheater geschrieben hat. Seine Spiele lassen Anklänge an Schiller und Shakespeare erkennen, die ihm nicht unbekannt gewesen sein dürften. Daneben verarbeitete der Tiroler Autor, dem man später den Beinamen »Bauernshakespeare von Kiefersfelden« verliehen hat, aber immer wieder

Die Aufführungen bei den »Kiefersfeldener Ritterspielen« finden in der sogenannten Komödienhütte statt. Szene aus einer Aufführung.

Räuber- und Ritterromane des 18. Jahrhunderts. Insgesamt sind aus seiner Feder 23 Stücke hervorgegangen, deren Titel schon die Welt der »Kiefersfeldener Ritterspiele« treffend charakterisieren: »Weinhard und Adelis oder Der Retter aus der Wildnis«, »Richardus, König von England«, »Kaiser Octavian oder Der Tag des Gerichts«, »Elfira und Almansor oder Vom Sklaven zum Thron«, »Helena, Tocher des mächtigen Kaisers von Griechenland oder Rache, Reue und Versöhnung«.
In seinen Werken greift Josef Schmalz historische Begebenheiten auf, verarbeitet sie aber mit großer dichterischer Freiheit, läßt die Macht des Zufalls die Oberhand gewinnen und steigert die Tragik bis zur Spitze. Diese Dramaturgie gelingt ihm vor allem durch seine recht anschauliche, plastische Sprache, die den dialektgewohnten Spielern – zur Freude des Publikums – immer wieder hörbare Schwierigkeiten macht. Die Übergänge von der Hochsprache zur Mundart sind meist fließend, und das ist gerade das Amüsante dabei.
Trotz aller Rührseligkeit und der pathetischen Übersteigerung ist allen Stücken, die bei den Kiefersfeldener Ritterspielen aufge-

führt werden eines gemeinsam: Am Ende siegt immer das Gute über das Böse. Werte wie Liebe, Treue und Wahrhaftigkeit behalten am Ende des Spieles ihre Geltung. Daß dies alles glaubhaft wirkt, ist das Verdienst der Laienspieler, die sich Jahr für Jahr in den Sommermonaten zusammenfinden und ihr Bestes geben. Die Spielerschar setzt sich aus den unterschiedlichsten Berufen zusammen, aber alle verbindet sie die gleiche Begeisterung fürs Theaterspielen.

Unfreiwillig bringen die Schauspieler immer wieder mit einer etwas unbeholfenen Geste, mit einer pathetisch gesprochenen Passage in tirolerischer Färbung die Zuschauer zum Schmunzeln und zum Lachen.

Das tut aber dem Theatererlebnis keinerlei Abbruch! Im Gegenteil: Alle Zuschauer, die von fern und nah alljährlich im Sommer zu den Ritterspielen nach Kiefersfelden an der deutsch-österreichischen Grenze pilgern, freuen sich an der Originalität dieses echten Volkstheaters, an den alten Kostümen ebenso wie an den überlieferten Texten. Und das spricht für sich: Immer sind alle Vorstellungen der Kiefersfeldener Ritterspiele ausverkauft!

Die Laienspieler bei den Kiefersfeldener Ritterspielen kommen aus unterschiedlichen Berufen. Aber alle sind sie mit großer Begeisterung bei der Sache.

BRAUCHTUMSFESTE IM JULI

Ende Juni/Anfang Juli:
Landshuter Fürstenhochzeit mit historischem Festzug, Festspiel im Rathaus, Turnierspiele und Hoflager (alle vier Jahre).

1. Juli-Wochenende:
Agnes-Bernauer-Festspiele in Straubing (alle vier Jahre).

12. 7.–21. 7.:
»Kinderzeche« in Dinkelsbühl.

ab 2. Freitag im Juli:
Festwoche in Inzell.

Mitte Juli:
Tänzelfest in Kaufbeuren.
Kiefersfeldener Ritterspiele in Kiefersfelden im Inntal mit Laiendarstellern und langer Tradition (seit 1618) mit Stücken meist von Josef Schmalz (um 1800).

3. Juli-Woche:
Schützenzeche in Weißenburg.

Ende Juli:
Deggendorfer Volksfest.
Vogelschießen in Coburg.
Pichelsteiner Fest in Regen.
Kinderfest in Memmingen, Fischertag in Memmingen.
Rakoczy-Fest in Bad Kissingen.

Wie's im August der Brauch ist

Im Monat August, benannt von den Römern nach Kaiser Augustus, erreichen die Erntearbeiten ihren Höhepunkt. Unter der heißen Augustsonne erlangt das Getreide seine volle Reife. Für den Bauern bringt dieser Monat lange und anstrengende Arbeitstage.

In diesem Monat, den die Römer nach Kaiser Augustus benannten, erreichen die Erntearbeiten ihren Höhepunkt. Unter der heißen Augustsonne erlangt das Getreide seine volle Reife. Für den Bauern bringt dieser Monat anstrengende, lange Arbeitstage. Nach altem Volksglauben ist der 1. August ein Unglückstag, ähnlich wie der 1. April. Als wichtiger Wettertag gilt der Laurentiustag: Der Sommer neigt sich allmählich seinem Ende zu: »Nach Laurentius wächst das Holz nicht mehr«, sagt eine alte Bauernregel. Mitten in die Erntearbeiten fällt das kirchliche Hochfest Mariä Himmelfahrt.

Die große, bis heute ungebrochene Marienverehrung in Bayern zeigt sich vor allem bei der Feier dieses Festes. Mit Prozessionen und Umzügen wird der Patronin vieler Kirchen in unserer Heimat gehuldigt. Von der kirchlichen Feier nicht zu trennen ist das alte Brauchtum, das mit diesem Fest verbunden ist. Kräuter, die in der Volksmedizin geschätzt sind, werden an diesem Tag in einem Buschen zur Weihe in die Kirche getragen. Seit alters werden diesen Kräutern Segens- und Abwehrkräfte zuerkannt.

In den Tagen nach Mariä Himmelfahrt verliert die Sonne zunehmend an Kraft. Um Bartholomä hält der Herbst seinen Einzug. Der Sommer verabschiedet sich endgültig.

Beim Further Drachenstich

Der spektakuläre Drachenstich von Furth im Wald symbolisiert den ewigen Kampf des Guten gegen das Böse und geht auf die St.-Georgs-Legende zurück, die seit dem 6. Jahrhundert bekannt ist. Nachweislich trat der Drache bereits im Mittelalter auf und wurde seit 1590 bei der Fronleichnamsprozession mitgeführt. Nach wiederholten Streitigkeiten entschloß man sich im Jahre 1887, das Ungeheuer aus dem Fronleichnamsumgang herauszunehmen und ihm ein eigenes weltliches Fest zu widmen. Und das war dann die Geburtsstunde des Spektakels in der heutigen Form, wie es jedes Jahr in Furth zu verfolgen ist.

Seit seinen Anfängen im Mittelalter wurde der Drachenstich immer wieder umgestaltet. Seit 1890 kümmert sich ein Theater-

verein um die Durchführung des Schauspiels. Im Jahre 1952 gab der Schriftsteller Josef Martin Bauer dem alljährlichen Kampf des »Weißen Ritters« gegen den Drachen, der das Burgfräulein bedroht, eine neue sprachliche Fassung. In die Handlung sind historische Erinnerungen an die Zeit der Hussitenkriege im 15. Jahrhundert eingegangen, als die Menschen im Grenzland eine schlimme Zeit durchzustehen hatten.
Der Mittelpunkt des historischen Festspiels ist die Gestalt des Drachen, der im Festzug mitgeführt wird. Im Laufe von Jahrhunderten wurde das Ungeheuer immer wieder umgestaltet und verbessert. Der jetzige Drache wurde im Jahr 1974 für 380 000 DM

Das historische Festspiel des Drachenstiches in der bayerisch-tschechischen Grenzstadt Furth im Wald geht auf die St.-Georgs-Legende zurück.

angefertigt. Er hat die respektable Länge von 18 Metern, ist 4 Meter breit und 3,5 Meter hoch. Durch ein raffiniertes Hydrauliksystem wird der Drache bewegt, so daß er äußerst furchterregend wirkt. Absoluter Höhepunkt ist jedesmal die Niederlage des Monstrums, wenn ihm der tapfere Ritter Udo unter dem Jubel der Zuschauer mit einem gezielten Lanzenstich das erwartete Ende bereitet und sich das Blut des Ungeheuers in Strömen auf dem Marktplatz ergießt.
Über 40 000 Besucher kommen in den Augusttagen nach Furth im Wald. Am ersten Veranstaltungssonntag wird ihnen zudem ein großer historischer Festzug geboten, an dem sich über 1000 Personen, 2000 Pferde und viele Musikkapellen beteiligen. Viele Gruppen zeigen Ausschnitte aus der fast tausendjährigen Geschichte des Grenzlandortes. So ist Furth im Wald gerade in diesen Sommertagen eine Reise wert.

Über 40 000 Besucher kommen in den Augusttagen nach Furth im Wald. Am ersten Veranstaltungssonntag wird ihnen zudem ein großer historischer Festzug geboten, an dem sich über 1000 Personen, 2000 Pferde und viel Musikkapellen beteiligen. Viele Gruppen zeigen Ausschnitte aus der fast tausendjährigen Geschichte des Grenzlandortes. So ist Furth im Wald gerade in diesen Sommertagen eine Reise wert.

Kräuterweihe am Grossen Frauentag

Wenn Mitte August die Erntearbeiten noch voll im Gange sind, bringt ein großer kirchlicher Feiertag für den Bauern eine willkommene Unterbrechung: Mariä Himmelfahrt am 15. August. Der »Große Frauentag«, wie dieses Fest im Volksmund heißt, ist das größte und älteste Marienfest, das die Kirche seit dem 5. Jahrhundert feiert.
Mit Mariä Himmelfahrt erreicht der Sommer seinen Höhepunkt, die Tage werden nun zunehmend kürzer, die Nächte länger und kälter. Die Herbstblumen im Garten, vor allem die Dahlien, stehen jetzt in ihrer vollsten Blütenpracht. Nach alter Überlieferung werden an diesem Fest besonders heilkräftige Kräuter von Wiese, Feld und Wald gesammelt und zur Weihe in die Kirche getragen. Dieser Brauch läßt sich bis ins 10. Jahrhundert zurückverfolgen. So findet sich in einem römisch-deutschen Pontifikalbuch aus dieser Zeit bereits ein Segensgebet über die Kraft der Heilkräuter.
Die gesammelten Kräuter werden zu einem Buschen zusammengebunden. Aus welchen Arten er sich zusammensetzt, ist regional recht unterschiedlich. Früher mußten es mancherorts nicht weniger als 77 verschiedene Kräuter sein, die am Vortag mühevoll zusammengesucht werden mußten. Heute begnügt man

sich mit neun oder auch nur sieben Heilkräutern. Besonders begehrt sind Tausendgüldenkraut, Wermut, Baldrian, Schafgarbe, Pfefferminze, Kamille und Holler, aber auch Gewürzpflanzen aus dem eigenen Kräutergarten, z. B. Dill, und Pimpernelle, sollen nicht fehlen. In die Mitte des kunstvoll gebundenen Kräuterbusches wird eine goldgelbe Königskerze, auch Wetterkerze oder Muttergotteskerze genannt, gesteckt. In unseren Tagen wird der alte Volksbrauch auch freilich immer mehr gefährdet, weil viele Heilkräuter vom Aussterben bedroht sind.
Bei den Kräutern, die am »Wurzweihtag«, wie das Fest Mariä Himmelfahrt im Volksmund auch heißt, in die Kirche zum Weihen gebracht werden, handelt es sich ausschließlich um seit Jahrhunderten erprobte Heilpflanzen, die um diese Jahreszeit

BAUERN- UND WETTERREGELN

Erste Augustwoche heiß,
bleibt der Winter lange weiß.

Fängt der August mit Hitze an,
bleibt auch lang die Schlittenbahn.

Laurentius (10. August) gut,
einen schönen Herbst verheißen tut.

Nach Laurentius wächst das Holz nicht mehr.

Mariä Himmelfahrt (15. August) im Sonnenschein,
bringt viel und guten Wein.

Bleiben die Störche nach Bartholomä (24. August),
tut der Winter nicht weh.

Bartholomä voll Sonnenglut,
macht Wein und Reben stark und gut.

Um die Zeit von Augustin (28. August),
zieh'n die warmen Tage hin.

Was der August nicht kocht,
läßt der September ungebraten.

ihre volle Heilkraft erreichen. Darauf weist auch ein Kalender des Klosters Tegernsee aus dem ausgehenden Mittelalter hin, der empfiehlt, Kräuter und Wurzeln für die Apotheke um Mariä Himmelfahrt zu sammeln. Aus den Kräutern stellten die Klosterapotheken mancherlei Heilmittel her, Säfte, Tees, Tinkturen und Salben.

Nach altem Volksglauben steht ein geweihter Kräuterbuschen in hohem Ansehen. Man mißt ihm außerordentliche Heil- und Wirkkräfte bei. Die Kräuter werden daher nach der Weihe gut aufbewahrt, sie kommen in den Herrgottswinkel, aber auch über die Türen, unters Dach und in den Stall. Früher warf man bei heranziehenden Gewittern oder drohendem Unwetter einige Kräuter in das Herdfeuer. Zum Schutz vor Krankheiten im Stall mischte man einige Kräuter dem Viehfutter bei. Das geschah auch, bevor das Vieh auf die Alm getrieben wurde.

Nach altem Volksglauben steht ein geweihter Kräuterbuschen in hohem Ansehen. Man mißt ihm außerordentliche Heil- und Wirkkräfte bei. Die Kräuter werden daher nach der Weihe gut aufbewahrt, sie kommen in den Herrgottswinkel, aber auch über die Türen, unters Dach und in den Stall. Früher warf man bei heranziehenden Gewittern oder drohendem Unwetter einige Kräuter in das Herdfeuer. Zum Schutz vor Krankheiten im Stall mischte man ein paar Kräuter auch dem Viehfutter bei. Das geschah auch, bevor das Vieh auf die Alm getrieben wurde.
Derartige Vorstellungen von der Heil- und Segenswirkung von Kräutern werden heute natürlich als Aberglaube abgetan. Weil aber oftmals das Vertrauen in manche Medikamente aus der Apotheke erschüttert ist, beginnt man die lange vergessenen Heilkräuter wieder neu zu entdecken.
In Bayern ist der 15. August seit Jahrhunderten ein Fest inniger Marienverehrung. In festlichen Gottesdiensten und Prozessionen wird ein Loblied auf die Gottesmutter gesungen. Große und kleine Kirchen in Stadt und Land feiern an diesem Tag ihr Patrozinium. Erinnert sei an die Klosterkirche in Dießen und Andechs am Ammersee sowie an die Wallfahrtskirchen von Altötting, Birkenstein, Ettal und Tuntenhausen. Mit besonderer Feierlichkeit wird das große Marienfest auch in Maria Thalkirchen und in Ramersdorf in München gefeiert. Nach einer alten Tradition wird hier noch der Frauendreißiger mit täglichen Andachten und Gottesdiensten hochgehalten. Er dauert 30 Tage bis zum Mariä Namen am 12. September.

Die Stumme Prozession von Vilgertshofen

Der kleine Ort Vilgertshofen im oberbayerischen Landkreis Landsberg am Lech dürfte nicht allzu vielen bekannt sein. Jedes Jahr am Sonntag nach Mariä Himmelfahrt hat aber das stattliche Bauerndorf mit der barocken Wallfahrtskirche seinen großen Tag: Die Vilgertshofener zeigen in einer »Stummen Prozession« auf ihre Weise das Leiden und Sterben Jesu Christi.
Nach dem Gottesdienst bewegt sich, begleitet von einer Blaskapelle und dem Kirchenchor, ein langer, schweigender Zug durch die Straßen und Fluren der Ortschaft. Der Umgang ist einmalig in Bayern und im ganzen deutschen Sprachraum. Im Gegensatz zu den Passionsspielen, wie wir sie von Oberammergau oder Erl in Tirol kennen, sind hier keine Proben und keine Rollenverteilung erforderlich. Vor dem Festgottesdienst in der sehenswerten Barockkirche mit Stukkaturen der Wessobrunner Schule werden lediglich an die 150 Mitwirkenden die Kostüme und Requisiten ausgegeben. Die meisten Darsteller – es sind Bau-

In Vilgertshofen im oberbayerischen Landkreis Landsberg am Lech zeigt man auf eigene Weise in einer »Stummen Prozession« das Leiden und Sterben Jesu Christi.

ern, Handwerker und Arbeiter – machen schon seit Jahrzehnten bei diesem religiösen Schauspiel mit und haben ihre Rolle von den Vorfahren ererbt. Die Kleider sind schon über einhundert Jahre alt und wurden seitdem nicht verändert, nur, wenn nötig, nach altem Vorbild erneuert.

In ihrer Stummen Prozession stellen die Vilgertshofener Szenen aus dem Alten und Neuen Testament dar. Dem Zug voraus gehen die Kinder mit den Leidenswerkzeugen, gefolgt von bekannten biblischen Personen, z. B.: Josef, König David, Moses und Abraham. Den Mittelpunkt der eindrucksvollen Prozession mit Muttergottesstatuen und Fahnen bildet die Kreuztragung. Am Schluß kommen die Ministranten und der Geistliche mit dem Allerheiligsten sowie Mitglieder jener Bruderschaft, die im Jahre 1708 die Prozession ins Leben gerufen hat.

Die Stumme Prozession von Vilgertshofen geht auf eine feierliche Flurprozession in der Barockzeit zurück. Aus ihr entwickelte sich in der Mitte des 18. Jahrhunderts ein Umgang, der, ähnlich den Passionsspielen, das Leiden Christi veranschaulichen sollte. Die Stumme Prozession vermittelt uns auch eine Vorstellung, wie vor 200 Jahren die Karfreitagsumzüge und Fronleichnamsprozessionen ausgesehen haben.

Die Stumme Prozession von Vilgertshofen geht auf eine feierliche Flurprozession in der Barockzeit zurück. Aus ihr entwickelte sich in der Mitte des 18. Jahrhunderts ein Umgang, der, ähnlich den Passionsspielen, das Leiden Christi veranschaulichen sollte. Die Stumme Prozession vermittelt uns auch eine Vorstellung, wie vor 200 Jahren die Karfreitagsumzüge und Fronleichnamsprozessionen ausgesehen haben.

Wie viele andere Umzüge wurden in der Aufklärungszeit auch die Stumme Prozession verboten, was aber nicht verhindern konnte, daß sie bis heute in ihren Grundformen unverändert geblieben ist. Im Jahre 1874 haben die Vilgertshofener nach einer mehrjährigen Unterbrechung an die alte Tradition wieder angeknüpft und die Prozession so umgestaltet, wie sie heute noch durchgeführt wird.

Nach einem genau festgelegten Plan bewegt sie sich nach dem feierlichen Gottesdienst durch den Ort und über die Fluren. Und nach alter Tradition zeigen dabei mehrere Gruppen einzelne Szenen aus dem Alten und Neuen Testament. Die Teilnehmer der Stummen Prozession, Kinder und Erwachsene, erinnern dabei in ihren langen Gewändern an verschiedene biblische Gestalten, an Esther und Judith, an Josef und seinen Vater Jakob, an Moses und an den König David. Den Mittelpunkt des schweigenden Umzuges bildet die Kreuzigungsgruppe mit Christus und den Folterknechten, mit Pilatus, Herodes und den Hohenpriestern, mit Maria und Johannes. Dahinter folgt das Allerheiligste unter dem Traghimmel.

BRAUCHTUMSFESTE IM AUGUST

1. August:
Salzsäumerfest in Grafenau.

2.–3. Sonntag im August:
Further Drachenstich (seit 1887) in Furth im Wald.

ab 2. Freitag im August:
Gäubodenfest in Straubing (10 Tage).

15. August:
Mariä Himmelfahrt, der »Große Frauentag« (oder »Wurzweihtag«),
mit festlichen Gottesdiensten und Prozessionen
(besonders feierlich in Maria Thalkirchen und Ramersdorf in München).
Fischerstechen in Dießen am Ammersee.
Freilichtspiele in Rötz in der Oberpfalz.
Freischießen in Kronach (10 Tage).

Sonntag nach Mariä Himmelfahrt:
Die »Stumme Prozession« in Vilgertshofen im Kreis Landsberg am Lech
(mit anschließendem Jahrmarkt und Wirtschaftsbetrieb).

24. August:
König-Ludwig-Feier in Oberammergau.

letztes August-Wochenende:
»Sandkerwa« in Bamberg.
Herbstfest in Rosenheim (bis zum zweiten September-Wochenende).

Wie schon zur Barockzeit hat heute die Stumme Prozession von Vilgertshofen auch ein recht weltliches Gesicht: Der Umgang ist nämlich stets mit einem Jahrmarkt und Wirtschaftsbetrieb verbunden. Diese und andere Begleiterscheinungen wurden von der Kirchenführung immer wieder gerügt. Das konnte die Vilgertshofener aber nicht beirren, an ihrer Stummen Prozession und den dazu gehörigen weltlichen Freuden festzuhalten.

Wie's im September der Brauch ist

Der September bringt den Herbstbeginn. Auch der Aufbruch von den Almwiesen fällt normalerweise in diesen Monat. Eine geschmückte, »aufgekranzte« Kuh beim Almabtrieb in Schleching im Chiemgau (rechte Seite).

Der September, der siebte Monat im alten römischen Kalender, bringt den Herbstbeginn. Auf den Feldern werden bereits Kartoffeln geerntet, in den Gärten reifen Gemüse und Obst heran. Am 22. September beginnt auch nach dem Kalender der Herbst.
In diesem Monat enden für die Schüler die Sommerferien, die ABC-Schützen gehen mit den Eltern zum erstenmal den Weg zur Schule, im Arm die mit Süßigkeiten gefüllte Schultüte. Dieser Brauch entstand in der Mitte des 18. Jahrhunderts in Schlesien, Hessen und Thüringen und wurde in den zwanziger Jahren unseres Jahrhunderts auch bei uns heimisch.
Anfang des Monats geht auch der Almsommer zu Ende, die Sennerin rüstet zum Almabtrieb. Nach altem Brauch werden die Kühe »aufgekranzt« und mit einem festlichen Kopfschmuck ins Tal zurückgebracht.
In vielen Orten werden Erntedankfeste mit Tanz gefeiert. Mancherorts werden Märkte abgehalten, die zum Schauen und Kaufen einladen. Am letzten Wochenende dieses Monats ist es dann wieder soweit: Das Münchner Oktoberfest öffnet auf der Theresienwiese seine Pforten. Gäste aus nah und fern kommen zum größten Volksfest der Welt. Eine besondere Sehenswürdigkeit ist jedes Jahr der große Schützen- und Trachtenzug am ersten Wies'n-Sonntag.

Abschied von der Alm

Wenn die Tage kürzer und die Nächte länger werden, heißt es für die Almleute, die Sennerin und den Senn, Abschied zu nehmen von der Alm. Der Termin, wann das Vieh ins Tal getrieben wird, ist regional unterschiedlich. Gewöhnlich fällt der Aufbruch von den Almweiden in den September, vorausgesetzt, das Wetter macht nicht einen früheren Abtrieb erforderlich. Um Michaeli (30. September) ist die Almzeit, die etwa zwölf Wochen dauert, meist überall zu Ende.
Das Almleben, das im Frühsommer, kurz nach Pfingsten, jedes Jahr beginnt, war zu keiner Zeit so romantisch und verlockend, wie es in Liedern besungen wurde. Es ist eine harte Arbeit, die

die Sennerin ganz allein auf der Alm zu leisten hat. Hinzu kommt die große Verantwortung, die sie für das Vieh während der Sommermonate zu tragen hat.

Das Almleben, das jedes Jahr im Frühsommer, kurz nach Pfingsten, beginnt, war zu keiner Zeit so romantisch und verlockend, wie es in Liedern besungen wurde. Es ist eine harte Arbeit, die die Sennerin ganz allein auf der Alm zu leisten hat. Hinzu kommt die große Verantwortung, die sie für das Vieh während der Sommermonate tragen muß.

Wenn der Almsommer glücklich verlaufen ist, wenn keinem Tier etwas zugestoßen ist und in der Familie des Bauern kein Unglück war, so ist der Almabtrieb ein Tag der Freude und des Dankes. Nach altem Brauch wird das Vieh »aufgekranzt«, das heißt die Köpfe der Tiere werden mit Kränzen aus Tannengrün und Almblumen, mit bunten Bändern, Flitter und Spiegeln geschmückt. In den bayerischen und Salzburger Bergen erhalten alle Kühe von der Sennerin einen Kopfschmuck, im Allgäu dagegen wird nur die Leitkuh bekränzt. Im Berchtesgardener Land ist das Hauptstück des Kranzzeuges die sogenannte Fuikl. Das ist ein Fichtenwipfel, dessen Zweige zu einer zwei- bis dreistöckigen Krone hochgebunden und mit Bergblumen, Papierrosetten und -bändern, mit eingefärbten Holzspänen, sogenannten Gschabertbandeln und mit mancherlei Flitterzeug verziert werden. Dabei entstehen wahre Schmuckstücke der Volkskunst, die später über der Stalltür befestigt werden.
Zum Schmuck der Tiere gehören auch die Glocken, die an einem breiten, federkielgestickten Lederriemen am Halse hängen. Gewöhnlich tragen nur die schönsten und größten Kühe Glocken. Dabei wird unterschieden zwischen den großen schweren Glokken und den sogenannten »Singerinnen«, die die Form von kleinen Kirchenglocken haben und besonders wertvoll sind. Diese Glocken regen daher auch bei vielen immer wieder die »Sammlerlust« an. Mit dem Geläut der Glocken sollte nach altem Volksglauben feindliche Dämonen abgewehrt werden, die die Tiere auf ihrem Weg ins Tal bedrohten. Eine ähnliche Aufgabe erfüllten auch linnene Kopflarven, die dem Vieh übergestülpt wurden.
Am Tag des Almabtriebs begibt sich gewöhnlich die Familie des Bauern auf die Alm und hilft der Sennerin, das Vieh mit dem vorbereitetem Kranzzeug zu schmücken, ein Vorgang, den die Tiere nur recht ungern über sich ergehen lassen.
Ist alles für den Abtrieb vorbereitet und die Almhütte, die in Oberbayern auch »Kaser« heißt, winterfest gemacht, bricht die Sennerin zu dem oft weiten Weg ins Tal auf. Vorne geht die Leitkuh mit einem besonders schönen Kopfputz, gefolgt von den übrigen Tieren. Ganz am Schluß kommt die Almerin, die aus Anlaß des Festtages ihr schönstes Kleid angelegt hat. Im Dorf

unten angekommen, wird sie vom Bauern erwartet und führt das Vieh nicht ohne Stolz in den heimatlichen Stall.
Einer der schönsten Almabtriebe in Oberbayern ist der des Grafl-bauern von der Fischunkelalm am Obersee im Berchtesgadener Land. Das Vieh wird auf zwei miteinander verbundene Flachboote geladen und dann über den ganzen Königssee gerudert.
Im Allgäu heißt der Almabtrieb »Viehscheid«. Hier sind einem Senn auf einer Genossenschaftsalpe gewöhnlich die Tiere von mehreren Bauern anvertraut. Kommt er im Tal unten an, werden die Tiere getrennt und den Besitzern wieder übergeben. Vieh-

BAUERN- UND WETTERREGELN

Wenn der September noch donnern kann,
setzten die Bäume viel Blüten an.

Donnert's im September noch,
wird der Schnee zu Weihnacht hoch.

Wie sich's Wetter an Mariä Geburt (8. September) tut verhalten,
so wird sich's noch vier Wochen gestalten.

Zu Mariä Geburt
fliegen die Schwalben furt.

Viel Eicheln im September,
viel Schnee im Dezember.

Sankt Cosmas und Sankt Damian (26. September)
fängt das Laub zu färben an.

Wie's Matthäus (21. September) treibt,
es vier Wochen bleibt.

Septemberregen
ist dem Bauer gelegen;
wenn es aber den Winzer trifft,
ist er ebenso schlecht wie Gift.

Was Juli und August am Wein nicht vermocht,
wird auch vom September nicht gar gekocht.

scheiden gibt es z. B. in Pfronten, Hindelang, Schöllang, Oberstdorf, Oberstaufen und Obermaiselstein.
Auf den Oberstdorfer Alpen, wie hier die Almen heißen, werden zum einheimischen Vieh auch viele Tiere aus dem Unterland, aus der Gegend um Kempten, Memmingen und Wangen, geweidet. Kommt der Senn unten an, wechselt manches Stück Vieh dabei noch am Schiedplatz seinen Besitzer, denn Tiere, die den Sommer auf der Alp verbracht haben, gelten als besonders gesund und wertvoll.
Almabtriebe sind heute überall, wo sie noch in der herkömmlichen Form abgehalten werden, eine Attraktion für Schaulustige, ein Spektakel, das vor allem in den Fremdenverkehrsorten alljährlich Tausenden von Touristen geboten wird. Vielerorts verzichtet man aber bereits auf den ganzen Aufwand und führt den Abtrieb mit Hilfe des Traktors und großer Wagen recht nüchtern durch. Ein weiteres kommt hinzu: Das Leben auf einer Alm verliert immer mehr an Anziehungskraft, vor allem bei den jüngeren Menschen. Auf manche Alm wird nur noch so lange aufgetrieben, wie die alte Sennerin, die es schon seit Jahrzehnten macht, dazu imstande ist. Viele Almen, die in Generationenarbeit angelegt wurden, müssen daher heute aufgelassen werden, die Sennhütten verfallen oder werden von Touristen als »urige« Unterkunft genützt.
In den letzten Jahren ist aber, entgegen dem allgemeinen Trend, ein überraschendes Interesse festzustellen, als Sennerin und Senn einen Sommer auf einer Alm zu verbringen. Mancherorts gibt es schon »Wartelisten« von Almaspiranten.

Almabtriebe sind, wo sie noch abgehalten werden, eine Attraktion für viele Schaulustige. Hier bei Steibis im Allgäu (linke Seite und unten).

»Der Summer is aussi«

Die »Wies'n«: Seinen Ursprung hat das größte Volksfest der Welt in einer königlichen Hochzeit: Es war die Vermählung des bayerischen Kronprinzen, später Ludwig I., mit der Prinzessin Therese von Sachsen-Hildburghausen am 12. Oktober 1810.

Auf geht's beim Münchner Oktoberfest!

Vom Brauchtum, vor allem in Oberbayern, nicht wegzudenken ist das Münchner Oktoberfest, auch wenn viele in den letzten Jahren nicht zu Unrecht an dem so perfekt organisierten Rummel und den damit verbundenen unerfreulichen Begleiterscheinungen Anstoß nehmen.
Seinen Ursprung hat das nunmehr größte Volksfest der Welt, das entgegen seinem Namen bereits Mitte September beginnt und

am ersten Oktobersonntag endet, in einer königlichen Hochzeit. Es war die Vermählung des bayerischen Kronprinzen Ludwig, des späteren Ludwig I., mit der Prinzessin Therese von Sachsen-Hildburghausen, und zwar am 12. Oktober des Jahres 1810.
Das Hochzeitsfest wurde überaus prunkvoll gefeiert und dauerte fünf Tage. Es war auch als Ovation an das Herrscherhaus des jungen Königreiches gedacht. Es sollte den Charakter eines »Nationalfestes« erhalten, in dem die Einheit der zusammenwachsenden Stämme Altbayern, Schwaben, Franken und Pfälzer sichtbar wird.
Großzügig wurden die Volksmassen mit Brot, Käse, Fleisch, Würsten ausgespeist, 232 Hektoliter Bier wurden ausgeschenkt. 150 Musikanten sorgten für gute Stimmung. Auf dem festlichen Programm standen darüber hinaus prachtvolle Opernaufführungen und Bälle. Einen abschließenden Höhepunkt der Festlichkeit stellte am 17. Oktober ein Volksfest mit Pferderennen dar, das auf Anregung des Kavallerie-Majors Andreas von Dall'Armi zurückging. Abgehalten wurde das Volksfest auf einer großen Wiese bei der Schwanthalerhöh', am Rand der Residenzstadt. Es war als besondere Reverenz an das königliche Paar gedacht. Im Gegensatz zu später gab's bei diesem Volksfest aber noch kein Bier. Das geschah erstmals im Jahre 1818, als der Praterwirt Anton Gruber die Lizenz erhielt, in einer Bude nicht nur Bier auszuschenken und Speisen zu verkaufen, sondern auch ein »Carussel, eine teutsche und eine russische Schaukel, einen Ballonschutzer und eine Taubenscheibe« zu betreiben.

»Schützenliesl«, Gemälde von Wilhelm von Kaulbach in der Schießstätte.

Da das Volksfest bei den Münchnern und beim Landvolk einen unerwartet großen Anklang fand, wurde durch einen königlichen Erlaß die alljährliche Wiederholung zugestanden. Zur festen Tradition gehört seit 1811 auch das Zentrallandwirtschaftsfest. Und schon bald bürgerte es sich auch ein, daß jede Münchner Brauerei auf der »Theresienwiese«, wie der Festplatz nach der jungen Königin benannt wurde, mit einem eigenen Bierausschank vertreten war. Fester Bestandteil des Festes blieb bis zum Jahre 1910 auch das Pferderennen. Zum 25jährigen Jubiläum im Jahre 1835 gab dem Münchner Oktoberfest – so steht es in der Chronik – auch der Wiener Walzerkönig Johann Strauß die Ehre.

Ein besonderes Jubeljahr in der Geschichte der »Wies'n«, wie das Oktoberfest bei den Münchnern heißt, war das Jahr 1850, als die von Ludwig Schwanthaler in Erz gegossene, überdimensionale Figur der Bavaria auf der Anhöhe über der Festwiese feierlich enthüllt wurde.

Ein ganz besonderes Jubeljahr in der Geschichte der »Wies'n«, wie das Oktoberfest bei den Münchnern genannt wird, war das Jahr 1850, als die von Ludwig Schwanthaler in Erz gegossene,

Am ersten Oktoberfest-Sonntag ziehen Trachtengruppen mit dem internationalen Trachten- und Schützenzug durch die Stadt München und auf der Wies'n ein.

überdimensionale Figur der Bavaria auf der Anhöhe über der Festwiese feierlich enthüllt wurde.
Im Jahre 1871 wurde eigens eine neue Biersorte, das bis heute beliebte Märzenbier, ausgeschenkt. Der Wiesenwirt Schottenhamel verlangte für dieses Oktoberfestbier damals 12 Kreuzer je Maß, das damit um 3 Kreuzer über dem sonstigen Wiesenpreis lag. Allmählich bekam die Wies'n ihr heutiges Gesicht mit Bierbuden und Schaustellergeschäften. Mit dabei seit 1872 war der »Schichtl«, ohne den bis heute die Wies'n nicht denkbar ist. So kam es auch zur Redensart »Auf geht's beim Schichtl!«.
In der Wies'n-Chronik des Jahres 1900 lesen wir, daß in 27 Bierbuden an acht Tagen insgesamt 1200 Hektoliter Bier bei einem Preis von 35 Pfennig pro Maß ausgeschenkt wurden. Ein Schweinsbraten mit Knödel kostete 50 Pfennig und ein Teller Fleischsuppe mit Einlage sechs Pfennig. Übrigens gab es bereits damals Ärger mit dem Einschenken, da ein »Verband zur Bekämpfung des schlechten Einschenkens« gegründet wurde.
Wenn auch diese Niedrigpreise längst der Vergangenheit angehören, so hat das Oktoberfest doch bis heute nichts von seiner Anziehungskraft eingebüßt. Über 800 Fahrgeschäfte, Schaustellerbuden und Standl erwarten nun die Besucher aus dem In- und Ausland. Auch der Durst und der Appetit der Gäste sind

daher entsprechend groß: Getrunken werden im Durchschnitt etwa vier Millionen Liter Wiesenbier, verzehrt werden über 530 000 Brathendel. Dazu schmecken am besten die knusprigen Brezen, die täglich mehrmals frisch angeliefert werden. Und daß in den sieben großräumigen Bierzelten auch die nötige Stimmung aufkommt, dafür sorgen lautstark Blaskapellen in der Oberlandler-Tracht.

Feierlich eröffnet wird das Oktoberfest, das aus Rücksicht auf die Witterung in den September vorverlegt wird, durch den Einzug der Wiesenwirte und Kellnerinnen sowie des Stadtrates am Samstagmittag. Voran ziehen die prachtvollen Gespanne der

Ein Blick auf die nächtlich erleuchtete Budenstraße mit Fahrgeschäften auf der Theresienwiese während des Oktoberfestes.

Impressionen von Oktoberfest in München. Im Hintergrund ragen die Türme der Frauenkirche in den Himmel.

Brauereien, die allein schon eine Augenweide sind. Für den richtigen Takt sorgen die Kapellen aus den Bierzelten. Punkt zwölf Uhr ist es dann soweit: Nach einer vom Oberbürgermeister Thomas Wimmer im Jahre 1950 begründeten Tradition zapft der Münchner Oberbürgermeister im Schottenhamelzelt den ersten Banzen an. Die erste Maß des süffigen Gerstensaftes reicht er nach altem Brauch dem bayerischen Ministerpräsidenten. Nach diesem Festakt, der von Rundfunk und Fernsehen übertragen wird, ist das Oktoberfest offiziell eröffnet. Wiesenwirte und Gäste können nun nur noch auf ein schönes Herbstwetter in den 16 Tagen - so lang dauert die Wies'n - hoffen.

Nicht mehr wegzudenken vom Oktoberfest ist der große Trachten- und Schützenzug am ersten Wiesensonntag. Dieser Umzug geht zurück auf das Gründungsjahr des Oktoberfestes, denn damals, im Jahre 1810, wurden als Ehrenerweis an das königliche Paar 32 Münchner Kinder in verschiedenen Trachten des jungen Königreiches eingekleidet. Die jungen Trachtler überreichten dem Brautpaar einen Lorbeer- und Myrtenkranz und Blumen. Eine Huldigung der Schützen in Form eines Festschießens fand erstmals im Jahre 1816 statt. Seit 1820 ist ein »feierlicher Zug der Schützen vom Rathaus aus mit doppelten Musikchören, Fahnenträgern, Zielern und Schützen« überliefert.

Den Trachten- und Schützenzug, so wie man ihn heute kennt, gibt es erst seit 1949. Er nimmt immer seinen Anfang in der Maximilianstraße und bewegt sich auf einem sieben Kilometer langen Weg durch die Innenstadt zur Theresienwiese, vorbei an eigens errichteten Zuschauertribünen. An diesem Tag kommen

BRAUCHTUMSFESTE IM SEPTEMBER

1. Sonntag im September:
Saumarkt in Spalt (Hopfenzupferfest).
Herbstdult in Passau.

1. Wochenende im September:
Gillamoos-Jahrmarkt in Abensberg (Hallertau).

2. Sonntag im September:
Roßtag in Burggen.

13. September:
»Viehscheid« (Almabtrieb) in Oberstdorf.

Mitte September:
Altstadtfest in Nürnberg.

3. September-Woche:
»Oktoberfest« in München (bis 1. Sonntag im Oktober) mit Trachten- und Schützenzug am 1. »Wies'n«-Sonntag und Zentrallandwirtschaftsfest (alle zwei Jahre).
Historisches Stadtmauerfest in Nördlingen (alle drei Jahre).

29. September:
Turamichele-Fest in Augsburg (am Michaelistag).

ab 30. September:
Almabtrieb in den bayerischen Bergen, im Berchtesgadener Land (besonders schön beim Graflbauern von der Fischunkelalm am Obersee mit Flachbooten über den Königssee).

über zweihundert Gruppen aus Bayern, den anderen Bundesländern, aus den Nachbarstaaten Österreich, Schweiz, Italien, Belgien, Frankreich, Großbritannien und Spanien in die bayerische Landeshauptstadt. Insgesamt sind es etwa 5000 Teilnehmer. 70 Musikkapellen und Spielmannszüge, die die Trachtler mitgebracht haben, sorgen für eine gute Stimmung bei den Tausenden von Zuschauern, die sich dieses Erlebnis nicht entgehen lassen wollen. Bandlbäume, Erntekronen und festlich geschmückte Karossen mit herrlichen Pferdegespannen, daneben Festwagen, auf denen altes Brauchtum gezeigt wird – all das ist einmalig!

Wie's im OKTOBER der Brauch ist

Dieser Monat, der achte im römischen Kalender, steht für den Bauern noch ganz im Zeichen der Ernte. Die Felder werden abgeräumt, die letzten Kartoffeln eingebracht. Über die warmen Oktobertage freut sich besonders der Winzer. Wenn nach anstrengenden Wochen die Weinlese beendet ist, wird in fröhlicher Gesellschaft gefeiert.
Schöne, wenn auch zunehmend kürzere Tage lassen eine wehmütige Erinnerung an den vergangenen Sommer aufkommen. In manchen Jahren bringt der Altweibersommer noch angenehme Temperaturen. Ein untrügliches Zeichen für den beginnenden Herbst ist das Laub, das nun buntgefärbt von den Bäumen fällt. Am ersten Sonntag dieses Monats wird in festlichen Gottesdiensten das Erntedankfest gefeiert. Früchte aus Feld und Garten werden zum Altar gebracht. Ein besonderer Festtag im Bauernjahr ist am dritten Oktobersonntag die Kirchweih. Vom Turm flattert die Kirchweihfahne, der »Zachäus«. Im Gegensatz zum Erntedankfest steht beim Kirchweihfest die weltliche Feier im Vordergrund. Aus Küche und Keller werden Köstlichkeiten aufgeboten, die Jugend trifft sich beim Kirchweihtanz. Heute beschränkt sich die Feier dieses Festes auf den Kirchweihsonntag.

Kirchlein bei Raisting im Landkreis Weilheim. In Raisting findet am Kirchweihmontag der Betteltanz statt.

Gott hat alles recht gemacht

2. Die Blumen auf Erden aufwachsen mit Freud,
alles muß werden, wenn kommet die Zeit.

3. Der Weinstock bringt Reben, die Bäum tragen Frücht,
alles muß leben, wie Gott es befiehlcht.

Gebildbrote zum Erntedankfest

Für den bäuerlichen Menschen ist eine reiche Ernte keine Selbstverständlichkeit. Mehr als der Städter weiß er, wie sehr ein gutes Wachstum vom Wetter abhängig ist, das er nicht beeinflussen kann. Es ist für ihn eine oftmals gemachte Erfahrung, daß alles Arbeiten und Mühen, Düngung und Schädlingsbekämpfung ohne den Segen von oben vergeblich sind. Der Dank für eine gute Ernte war dem Menschen schon immer ein Anliegen. So brachten die Griechen Demeter, der Göttin des Getreides, zur Erntezeit Opfer dar, die Römer huldigten der Göttin Ceres. Ein Ausdruck des Dankes war es auch, wenn unsere Vorfahren die letzte Garbe nicht mehr in die Scheune brachten. Man ließ sie auf dem Feld für die »Troadgeister« zurück, was auf einen heidnischen Ursprung der Sitte hindeutet. Auch ein anderer Brauch, der heute bei uns nicht mehr bekannt ist, geht auf vorchristliche Zeit zurück: Zur Erntezeit wurden mancherorts

Der Dank für eine gute Ernte war dem Menschen schon immer ein Anliegen. So brachten die Griechen Demeter, der Göttin des Getreides, zur Erntezeit Opfer dar, die Römer huldigten der Göttin Ceres.

Die Erntekrone wird auf einer Prozession zum Erntedankfest in Mittenwald getragen.

eigene Gebildbrote gebacken, die die Form von Hahn und Henne hatten. Diese Tiere sind alte Fruchtbarkeitssymbole.
Auch in unseren Tagen, wo Rekordernten mehr Probleme schaffen als ein Mißjahr, drücken noch manche Bräuche die etwas verlorengegangene Haltung der Dankbarkeit aus. So werden in den Kirchen am Erntedankfest Früchte aus Feld und Garten vor den Altar gelegt, von den Mädchen und Frauen werden Ähren zu Erntekronen oder Erntekränzen gebunden. Dazu kommen noch Speisen wie Brot, Butter und Schinken sowie Weintrauben und Wein. Ein alter Brauch aus der Oberpfalz ist heute vergessen: Zum Erntedankgottesdienst nahm früher der Bauer Saatkörner zum Weihen mit. In Mainfranken werden zum Erntedank in den Kirchen die Trauben gesegnet und vielerorts werden Weinfeste gefeiert, die oft mehrere Tage dauern.
Das Erntedankfest mahnt uns, die wir im Wohlstand leben, für das tägliche Brot zu danken. Auf dem Lande, wo früher bereits die Kinder erfahren konnten, mit wieviel Mühen das Getreide ausgesät, geerntet, gedroschen und gemahlen und das Mehl im eigenen Backhäusl verbacken wurde, brachte man dem Brot

immer höchste Achtung entgegen. Es galt als Gottesgabe und wurde hoch geschätzt. Und deshalb wurde vor dem Anschneiden eines neuen Laibes oder Wecken die Unterseite stets mit dem Messer bekreuzigt.
Das Brot galt als Kostbarkeit und kam fast zu jeder Mahlzeit auf den Tisch. Auf keinen Fall durfte Brot verderben. Es wegzuwerfen, galt allgemein als Sünde. Hart gewordenes und altes Brot wurde in die Suppe oder in Milch eingebrockt. Selbst Brotkrümel wurden nicht weggeworfen.

BAUERN- UND WETTERREGELN

Bleibt's Laub am Ast,
viel Ungeziefer zu fürchten hast.

Schneit's im Oktober gleich,
ist der Winter weich.

Nach Sankt Gall (16. Oktober)
bleibt die Kuh im Stall.

Am Sankt-Gallens-Tag
muß der Apfel in den Sack.

Zu Ursula (21. Oktober) muß das Kraut herein,
sonst wird's noch lange draußen sein.

Simon und Judas (28. Oktober)
fegen das Laub in die Gaß.

Warmer Oktober bringt fürwahr
einen kalten Februar.

Sankt-Wolfgang-Regen (31. Oktober)
verspricht ein Jahr mit Segen.

Wenn's im Oktober friert und schneit,
bringt der Januar milde Zeit.

Fällt im Wald das Laub sehr schnell,
ist der Winter früh zur Stell.

Das Kirchweihfest oder die »Kirta« fällt in Oberbayern jedes Jahr auf den dritten Sonntag im Oktober, wenn in den Bergen bereits Schnee liegt, wie hier unterhalb der Karwendelspitze in Mittenwald (rechte Seite).

Kirchweihfreuden für Jung und Alt

Das Bauernjahr kennt zu allen Jahreszeiten Feste, die es zu feiern gilt. Im Herbst ist das herausragende Fest die Kirchweih oder, wie man in Altbayern sagt, der Kirta. In der Oberpfalz und in Franken ist es die »Kirwa«. Das Kirchweihfest fällt bei uns einheitlich jedes Jahr auf den dritten Sonntag im Oktober. Man spricht deshalb von der »Allerweltskirchweih«.

Bis zum Jahre 1868 feierte jedes Dorf sein örtliches Kirchweihfest am jeweiligen Jahrestag der Kirchweihe oder am Namensfest des Kirchenpatrons. Keine einheitlichen Kirchweihtermine gibt es bis heute im Fränkischen und in der Oberpfalz. Hier feiert man Kirchweih vom Sommer bis in den November hinein.

Überall wird das Kirchweihfest durch die rot-weiße Kirchweihfahne angekündigt, die der Mesner aus dem Kirchturm hängt. Diese Fahne, Zachäus genannt, an den im Evangelium des Kirchweihsonntags erinnert wird. Zachäus war Oberzöllner und klein von Gestalt. Und weil er Jesus sehen wollte, der des Weges kam, kletterte er auf einen Baum.

Auch wenn sich auf dem Land in den letzten Jahren vieles geändert hat, so freut man sich wie eh und je auf den Kirta, denn mit diesem Tag sind die meisten Arbeiten auf dem Feld beendet. Bis auf die Rübe und das Kraut ist die gesamte Ernte eingebracht, und das ist ein Grund zum Danken und Feiern.

Da Kirchweih zur Zeit unserer Großeltern auf dem Lande ein richtiges Familien- und Sippenfest war – es kam immer die ganze Verwandtschaft zusammen –, begannen die Vorbereitungen schon Tage vorher. Zunächst mußten die Gänse und Enten geschlachtet werden, die für diesen Tag gemästet worden waren. Am Kirchweihsamstag stand die Bäuerin fast nur in der Küche. In heißem Fett wurden die beliebten Kirchweihnudeln, die »Ausgezogenen« oder »Kücheln« herausgebacken, und zwar so viele, daß sie die Speisekammer kaum fassen konnte. Im Chiemgau war es dabei Sitte, daß man die erste Nudel in das Ofenfeuer warf. Sie war für die Armen Seelen bestimmt.

Nach dem Gottesdienst am Kirchweihsonntag war es dann soweit: Alles, was in Küche und Keller bereitgehalten wurde, trugen die Bäuerin und die Mägde auf. Und das nicht nur einen Tag, denn die Kirchweihfreude war nicht auf den Sonntag begrenzt:

> A richtiger Kirta
> dauert bis zum Irta (Dienstag).
> Wann se's tuat schicka,
> aa bis zum Migga (Mittwoch).

Von dieser Feierfreudigkeit ist heute auch auf dem Land kaum noch etwas geblieben. Nur noch in wenigen Bauernhäusern werden die Schmalznudeln selbst gebacken, das Kirchweihessen ist bescheidener geworden, auch aus gesundheitlichen Rücksichten. Kaum mehr bekannt sind auch die Kirtamärkte, mit den Ständen und Buden rund um die Kirche. Hier konnte vieles vom täglichen Bedarf gekauft werden, von den Schuhbändern bis zum Küchengeschirr. Solche Dulten zogen Besucher aus nah und fern an, vor allem natürlich die jungen Leute. Die Burschen schenkten ihren Mädchen einen »Kirta«, ein Lebkuchenherz, ein Wachsstöckl oder ein schönes Tuch.

Der Kirta erfreute sich früher vor allem bei den Dienstboten großer Beliebtheit, konnten sie sich doch an diesen Tagen wieder einmal richtig satt essen, was sonst nicht immer der Fall war. Und außerdem brachte das Kirchweihfest ein paar arbeitsfreie Tage, denn gefeiert wurde auch am Kirchweihmontag und -dienstag.

Der Kirta erfreute sich früher vor allem bei den Dienstboten großer Beliebtheit, konnten sie sich doch an diesen Tagen wieder einmal richtig satt essen, was sonst nicht immer der Fall war. Und außerdem brachte das Kirchweihfest ein paar arbeitsfreie Tage, denn gefeiert wurde auch am Kirchweihmontag und -dienstag.

Vergessen ist heute ein einst überaus beliebtes Vergnügen, ohne das eine richtige Kirchweih nicht denkbar war: Unter dem Scheunendach oder in der Tenne wurde an Balken mit Ketten die Kirchweihhutschen aufgehängt. Das war ein dickes, breites Brett, auf dem sich die jungen Leute drängten. Auf jedem Ende des Brettes stand ein Bursche und brachte die ganze Gesellschaft in Schwung. Wenn die Schaukel so richtig in Fahrt kam, ertönte ein Quietschen und Schreien von allen, die auf der Hutschen Platz genommen hatten. Aber das gehörte ja dazu. Für die Jugend war die Kirchweihhutschen ein beliebter Treffpunkt, und so manche Liebe nahm hier ihren Anfang. Es ist erfreulich, daß in letzter Zeit der alte Kirchweihbrauch wieder da und dort neu belebt wurde. So gibt es an manchen Orten wieder die Kirtahutschn, zum Beispiel beim Schilcherbauern in Gelting bei Bad Tölz oder in Glonn bei Ebersberg.

Nach wie vor beliebt bei der Jugend ist der Kirchweihtanz, wo sich die Paare neuerdings wieder sehr gerne zu den Klängen einer Tanzlmusi drehen. Die alten Tänze wie Rheinländer und Dreher, Polka und Walzer, aber auch längst vergessene Figurentänze gehören nun wie früher zur Kirtamusi, ebenso wie die alten bodenständigen Trachten.

In Raisting beim Ammersee im Landkreis Weilheim, aber auch an anderen Orten in Oberbayern, findet am Kirchweihmontag der Betteltanz statt. Dazu müssen zwei Burschen, die sogenann-

ten Ruatnbuam, möglichst viele Tänzer und Tänzerinnen zusammenbringen, zusammen»betteln«. Mittags geleiten die Ruatnbuam nun alle Mädchen mit Musik und einer langen Rute in eine Wirtschaft, wo sie sich ihre Tänzer bis zum Abend selbst aussuchen dürfen. Dafür müssen sie aber ihre Zeche bezahlen.

Heute nahezu vergessen: die Kirchweihbutschen. Diese Schaukel war Treffpunkt der jungen Leute auf dem Kirchweihfest.

D' Kirtanudl

2. Beim Nachbar hängt a Kirtahutsch,
inda Schupfa, nebn da Kutsch.
De Gaudi und des Kindergschroa
hört ma in da ganzen Gmoa,
Gaudi und des Kindergschroa
hört ma in da gnazen Gmoa.

Nach wie vor beliebt bei der Jugend ist der Kirchweihtanz, wo sich junge Paare neuerdings wieder gerne zu den Klängen einer Tanzlmusi drehen. Die alten Tänze gehören wie früher zur Kirtamusi, ebenso die alten Trachten.

BRAUCHTUMSFESTE IM OKTOBER

am 1. Sonntag im Oktober:
Erntedankfest mit festlichen Gottesdiensten.

am 3. Oktober-Sonntag:
Kirchweih-Feste (Kirta in Altbayern, Kirwa in Franken und in der Oberpfalz) mit Kirchweih-Tanz, Kirchweih-Hutschen (beim Schilcherbauern in Gelting, bei Bad Tölz und in Glonn bei Ebersberg).
Betteltanz in Raisting am Ammersee.
Michaelis-Kirchweih in Fürth.
Etwashäuser Kirchweih in Kitzingen.

20. Oktober:
Wendelinsritt auf den Kinberg in Niederstaufen-Scheidegg/Allgäu.

im Oktober:
Weinfeste in Franken.

3. Beim Untawirt ist Kirtatanz
mitm Sepp, mitm Miche und mitm Franz.
Alle Deandln kannst fina,
s Tanzn muaßt fei guat kina,
alle Deandln kannst fina,
s Tanzn muaßt fei guat kina.

4. Und kemmas hoam auf d Nacht recht spat,
ganz gwiß a jeds an Hunger hat.
Mia hams für unsa Lebn so gern,
wenn Kirtanudln auftragn werdn,
hams für unsa Lebn so gern,
wenn Kirtanudln auftragn werdn.

Wie's im November der Brauch ist

Dieser Monat steht ganz im Zeichen des Totengedenkens: Allerheiligen, Allerseelen, Volkstrauertag und Totensonntag erinnern an die Verstorbenen, deren Gräber mit Lichtern, Blumen und Kränzen geschmückt werden.

Dieser Monat, der im römischen Kalender der neunte war, steht ganz im Zeichen des Totengedenkens: Allerheiligen, Allerseelen, Volkstrauertag und Totensonntag erinnern an die Verstorbenen, deren Gräber mit Lichtern, Blumen und Kränzen geschmückt werden. Die Natur bereitet sich auf die Winterruhe vor, die Tage sind kurz und düster.

Daß neben der Totenehrung die Freude und das Feiern nicht zu kurz kommen, dafür sorgen die Namensfeste einiger Heiliger, die sich in Bayern besonders großer Beliebtheit erfreuen können. Nach dem Fest des heiligen Hubertus, des Schutzpatrons der Jagd und der Jäger, am 3. November, folgt am 6. November der Namenstag des heiligen Leonard. Er ist der Schutzheilige des Viehs, besonders der Pferde. Viele Kirchen, vor allem in Altbayern, tragen seinen Namen. Zu Ehren des »Bayerischen Herrgotts« finden an vielen Orten feierliche Pferdeumritte statt.

Ein besonders volkstümlicher Heiliger ist St. Martin, dessen Namensfest am 11. November gefeiert wird. Manches Brauchtum rankt sich um seinen Namenstag. Erinnert sei an die Martinsumzüge, die bei den Kindern sehr beliebt sind. Das Ende der Tanzfreuden bringt jedes Jahr der Tag der heiligen Katharina (25. November). »Kathrein sperrt den Tanz ein«, sagt eine alte Regel. Das Kirchenjahr geht zu Ende, bald kommt der Advent.

Seelenbrote für die Armen Seelen

Wenn Kirchweih vorbei ist, macht sich die Sonne immer rarer. Das Laub färbt sich bunt, Bäume und Sträucher werden kahl. Die Natur stellt sich auf den Winter ein, ist scheinbar ohne Leben. Das Vergehen in der Natur macht den Menschen nachdenklich. Die Gedanken wandern zu den Gräbern, besonders an den Festen Allerheiligen und Allerseelen zu Beginn des Monats.

Das Allerheiligenfest, das den Seligen gewidmet ist, wurde von Papst Gregor IV. im 9. Jahrhundert auf den 1. November festgesetzt. Das Fest Allerseelen ist als Gedenktag für alle Verstorbenen in der Kirche seit dem 11. Jahrhundert eingeführt. Heute hat sich Allerheiligen als Totengedenktag eingebürgert, auf dem Land be-

sucht man sowohl an diesem Tag die Gräber der verstorbenen Angehörigen als auch an Allerseelen.
Mit großem Kostenaufwand und oft viel Prunk werden die Grabstätten mit Kränzen und den letzten Blumen, vor allem mit den frostempfindlichen Chrysanthemen geschmückt.
Nach altem Brauch kommen am Allerheiligentag auch diejenigen zum Grab, die fern von den verstorbenen Eltern und Verwandten leben. Dabei gibt es für viele ein Wiedersehen mit Freunden und Bekannten aus Kindertagen. Sie alle führt der Weg zu einem stillen Gedenken auf den Friedhof, der im Volksmund, nicht ohne Sinn, »Gottesacker« heißt.

Am 6. November bringt das Bauernjahr noch einen festlichen Höhepunkt: die Leonhardifahrt zu Ehren von Sankt Leonhard, dem »Bayerischen Herrgott«. Ein Pferdegespann in Benediktbeuren.

Nach altem Volksglauben kehren die Armen Seelen – das sind die Seelen der Verstorbenen – am Allerseelentag oder in der darauffolgenden »Seelwoche« auch körperlich dorthin zurück, wo sie einst zu Hause waren. Damit sie bei ihrem Kommen auch ihre leiblichen Bedürfnisse befriedigen konnten, stellte man ihnen früher »Seelenbrote« auf, die auch »Seelenzöpfe« und »Seelenwecken« genannt wurden. Dieses Seelengebäck wurde aus dunklem Roggenmehl hergestellt und hatte oft die Form eines Zopfes, denn nach alter Vorstellung hatte die Seele ihren Sitz in den Haaren. In der Rosenheimer Gegend wurde noch bis in die Mitte des vorigen Jahrhunderts den heimkehrenden Seelen in der Nacht ein »Seelenmahl« aufgetischt und »Seelennudeln« zur Stärkung vor die Haustür gelegt. In manchen Gegenden brachte man zum Grab auch einen Laib Brot und hängte eine »Seelenbreze« auf das Grabkreuz.

Nach altem Brauch kommen am Allerheiligentag auch diejenigen zum Grab, die fern von den verstorbenen Eltern und Verwandten leben. Dabei gibt es für viele ein Wiedersehen mit Freunden und Bekannten aus Kindertagen. Sie alle führt der Weg zu einem stillen Gedenken auf den Friedhof, der im Volksmund, nicht ohne Sinn, »Gottesacker« heißt.

Obgleich sich die den Armen Seelen zugedachten Speisen die Bedürftigen des Ortes holen konnten, war diese Almosengabe den Seelen der Verstorbenen zugedacht. Diese Gesinnung zeigte sich auch in einem Brauch, der früher im Bayerischen Wald lebendig war: Hier haben die Bäuerinnen viele kleine, runde »Seelenwecken« gebacken, nicht selten 300 bis 400 Stück. Es waren kleine Brote, aus dunklem Roggenmehl gebacken.
An den Tagen um Allerseelen zogen die Armen mit ihren vielen Kindern und einem kleinen Leiterwagen von Hof zu Hof und baten um Seelenweckerl, die sie in einen Sack füllten. Mit einem »Vergelt's Gott für die Armen Seelen!« bedankten sie sich. Nach den Allerseelentagen brachten die Armen einen Teil der kleinen Seelenbrote wieder den Bauern zurück und erhielten dafür ein Almosen. Die Bäuerinnen machten aus den dunklen Broten eine Brotsuppe. So halfen die Seelenweckerl, die eigentlich den Armen Seelen im Fegefeuer zugedacht waren, in einer Zeit ohne Sozialversicherung, die Not der Armen zu lindern.
In der Oberpfalz bekamen früher die Kinder von ihrem Tauf- und Firmpaten ein Hefegebäck, das die Form eines Zopfes hatte. Daneben gab es auch Gebildbrote, z. B. einen Hahn, eine Henne oder einen Hasen.
Der Allerseelentag gehörte einst ganz dem Gedenken der verstorbenen Angehörigen. Um ihren Frieden nicht zu stören, wurden geräuschvolle Arbeiten unterlassen. Am Abend und auch an den folgenden Tagen der Seelenwoche wurde von der ganzen

Familie kniend der Seelenrosenkranz gebetet. In der Stube brannten die Wachsstöckl und Pfenniglichtl; sie sollten den Armen Seelen im Fegefeuer zur Labsal sein, was auch die Gebetsbitte zum Ausdruck brachte: »Das ewige Licht leuchte ihnen!« Zur steten Erinnerung an die Vergänglichkeit unseres Daseins errichtete man früher in manchen Orten Beinhäuser, in denen Tausende von Schädeln, viele bemalt und beschriftet, aufbewahrt wurden. Die größten, noch erhaltenen Beinhäuser befinden sich in Chammünster bei Cham in der Oberpfalz und in

BAUERN- UND WETTERREGELN

Hat Allerheiligen Sonnenschein,
wird's um Martini (11. November) um so kälter sein.

Um Allerseelen kalt und klar,
macht auf Weihnacht alles starr.

Hängt das Laub in November rein,
wird's ein langer Winter sein.

Wolken am Martinitag,
der Winter unbeständig werden mag.

Wenn die Gans vor Martini ausrutscht,
kann sie nach Martini ins Wasser steigen.

Hat Martini einen weißen Bart,
wird der Winter lang und hart.

Sperrt der Winter früh das Haus,
hält er nicht lange aus.

Sankt Elisabeth (19. November) zeigt an,
was der Winter für ein Mann.

Friert im November zeitig das Wasser,
dann ist's im Januar um so nasser.

Je mehr Schnee im November fällt,
um so fruchtbarer wird das Feld.

Die Leonhardiverehrung ist in Bayern bis heute ungebrochen. Alljährlich zum Namenstag des Heiligen ziehen die Gläubigen zu einer Leonhardikapelle, wie hier in Benediktbeuren.

Eine Gruppe junger Mädchen in weiß-blauer Festtagstracht auf einem Mägdewagen.

Greding im Altmühltal. Ein altes Beinhaus gibt es auch auf dem Friedhof von Walleshausen bei Landsberg am Lech.
Eine sichtbare Mahnung an das Sterben sollten früher die Totenbretter sein, die man im Bayerischen Wald und im alpenländischen Raum aufstellte. Auf sie legte man einst die Verstorbenen bis zur Beisetzung. Diese Bretter findet man noch da und dort an Wegen, bei Wegkreuzen, an Kirchenmauern, vor Scheunen und unter Bäumen. Nach dem Volksglauben soll ein Totenbrett möglichst bald verfallen, damit die Leidenszeit des Verstorbenen im Fegefeuer beendet werde er seine Ruhe findet.

Eine sichtbare Mahnung an das Sterben sollten früher die Totenbretter sein, die man im Bayerischen Wald und im alpenländischen Raum aufstellte. Auf sie legte man einst die Verstorbenen bis zur Beisetzung. Diese Bretter findet man noch da und dort an Wegen, bei Wegkreuzen, an Kirchenmauern, vor Scheunen und unter Bäumen.

Jetzt muss ich aus mein Haus

2. Jetzt lieg ich da im Bett, mein' Zung kein wort mehr redt; mein Augen nichts mehr sehen, mein Ohren nichts mehr hören. Mein Jesus, bleib bei mir! Maria, reis mit mir!

3. Hab ich viel Gut und Geld zusammbracht auf der Welt: Muß alles schon verlassen, muß fahrn ein ander Straßen. Mein Jesus, bleib bei mir! Maria, reis mit mir!

4. Hab Hof- und Hausgesind, dazu mein Weib und Kind; die bleiben hier beisammen, ich fahr in Gottesnamen. Mein Jesus, bleib bei mir! Maria reis mit mir!

Sankt Leonhard – der »Bayerische Herrgott«

Nach den ruhigen und besinnlichen Tagen Allerheiligen und Allerseelen bringt das Bauernjahr am 6. November noch einen festlichen Höhepunkt. In Altbayern wird alles an äußerer Pracht aufgeboten, um einem Heiligen die Reverenz zu erweisen, der dem Bauernstand so eng verbunden ist wie kein anderer: Sankt Leonhard. Als einziger führt er im Volksmund den Ehrennamen »Bayerischer Herrgott«, was ihn sogar aus der Reihe der 14 Nothelfer heraushebt, zu denen er vielfach gezählt wird.

Die Verehrung beschränkte sich zunächst auf seine französische Heimat. Schon bald entstand ein Wallfahrt zu seinem Grab. Mehrfach wird berichtet, daß sich Gefangene, die oft ohne Schuld im Kerker schmachten mußten, bittend an ihn gewandt haben. So kam es, daß er zum Patron der Gefangenen erklärt wurde. Auf Abbildungen ist er daher immer mit einer Kette dargestellt. In Deutschland wurde der heilige Leonhard erst im Mittelalter bekannt und verehrt. Im 12. Jahrhundert sind in Bayern bereits 90 Kirchen mit dem Patrozinium dieses Heiligen bezeugt. Um 1150 finden wir seine Lebensgeschichte in Handschriften der Klöster Tegernsee, Polling und Schäftlarn. Im Jahre 1184 weihte der Abt von Tegernsee im nahen Kreuth eine der ersten Leonhardikirchen im altbayerischen Raum.

Zum Zentrum der Leonhardiverehrung in Bayern wurde im 13. Jahrhundert das Dorf Inchenhofen. Diesen Aufstieg hatte der kleine Ort in der Nähe von Aichach den Zisterziensern aus dem Kloster Fürstenfeld zu verdanken, die die Leonhardiwallfahrt besonders gefördert haben. So wurde Inchenhofen im Mittelalter zum größten bayerischen Wallfahrtsort.

Nach geschichtlich nicht ganz gesicherten Quellen wurde Leonhard um das Jahr 500 in Frankreich als Sohn einer fränkischen Adelsfamile geboren. Er besuchte die Domschule zu Reims und wurde zum Priester geweiht. Als man ihm das Bischofsamt anbot, zog er sich als Mönch in ein Kloster zurück. Und als man ihn zum Abt machen wollte, floh er in die Einsamkeit der Ardennen. Der Ruf seiner Heiligkeit und Weisheit hat sich trotzdem schnell verbreitet. Neben vielen Hilfesuchenden kam zu ihm wiederholt auch König Chlodwig und bat ihn um seinen Rat. Hilfe wurde auch der Frau des Königs zuteil, als sie auf der Jagd in den Wäldern rund um Leonhards Zelle einen Sohn zur Welt brachte. Der Einsiedler eilte zu ihr und half ihr in ihrer schweren Stunde. Die Legende beschreibt dieses Ereignis mit folgenden Worten: »Es geschah eines Tages, daß der König daselbst jagte,

Ein Truhenwagen bei der Bad Tölzer Leonhardifahrt. Bemalt mit religiösen Motiven, stellen diese Wagen einen besonderen Blickfang dar.

Ein prächtig geschmückter Viererzug auf der Leonhardiwallfahrt in Bad Tölz. Der heilige Leonhard gilt als Schutzpatron des Viehs, besonders der Pferde.

Bei der Leonhardifahrt in Benediktbeuren. Der Brauch dieser Pferdewallfahrten läßt sich in Bayern bis ins 15. Jahrhundert zurückverfolgen (rechte Seite).

und war die Königin um Kurzweil mit dahin gefahren. Da ward ihr unversehens wehe zu einem Kinde und war in großen Nöten. Und da Leonhardus zufällig durch den Wald ging, hörte er die Stimme der Klagenden. Da führte ihn der König zur Königin.« Für seine Fürbitte wollte der König den frommen Mönch reich belohnen. Doch der wehrte dankend ab und erbat sich lediglich ein Stück Wald, und zwar nur soviel, wie er in einer Nacht mit einem Esel umreiten könne. Auf diesem Waldstück gründete Leonhard ein Kloster, das Kloster Noblat bei Limoges.
Die Legende weiß auch um Leonhards Sorge um die Gefangenen. Auf seine Fürbitte erhielten viele von ihnen die Freiheit zurück. Der einfache Mönch wurde so zu einem Helfer und Patron aller, die in Ketten liegen.
So unsicher wie seine Geburtszeit ist auch Leonhards Sterbedatum. Nach der Legende soll es der 6. November des Jahres 559 gewesen sein. Seine letzte Ruhestätte fand der Heilige in der Kirche seines Klosters in den Ardennen.
Zum Dank für erlangte Hilfe und im Vertrauen zu Sankt Leonhard brachten die Pilger zahllose Opfergaben aus Eisen zu seiner Kirche: Hufeisen, Tierfiguren und immer wieder Ketten. Aus den Unmengen von Eisenopfern hat ein Inchenhofener Schmied den berühmten »Leonhardsnagel« gegossen, der 90 Zentimeter hoch,

20 Zentimeter dick und fast zweieinhalb Zentner schwer ist. In der Barockzeit wurde dieser Nagel von den Pilgern auf den Schultern betend um die Wallfahrtskirche herumgetragen.
Ähnlich wie in Inchenhofen opferten die Wallfahrer auch in den zahlreichen anderen Leonhardikapellen und -kirchen Votivgaben aus Eisen, also Schellen Hufeisen und Pflugscharen, mit denen die Wände innen und außen dicht behängt wurden. Vor allem aber waren es Ketten, die dem heiligen Leonhard als Opfergabe dargebracht wurden. Mit Recht kann man daher geradezu von »Kettenkirchen« reden. Eine große Kette umspannt auch – ähnlich wie in Grafing – die Außenmauern der Leonhardskapelle auf dem Kalvarienberg von Bad Tölz. Alle diese Votivgaben wurden von einfachen Handwerkern angefertigt und waren vom Metall her sehr wertvoll, denn Eisen war zur damaligen Zeit kostbar.

Aus dem großen Vertrauen für den Heiligen mit der Kette ist auch der Brauch entstanden, an seinem Namenstag mit Pferden zu einer Leonhardikapelle zu ziehen. In Kreuth läßt sich dieser Brauch bis zum Jahre 1469 zurückverfolgen. In der Folgezeit entstanden ähnliche Pferdewallfahrten in Inchenhofen, Benediktbeuren, Fischhausen am Schliersee, Nußdorf, Fürstenfeldbruck, St. Coloman bei Schwangau und in Bad Tölz, wo heute die wohl größte und berühmteste Leonhardifahrt abgehalten wird. Im niederbayerischen Raum sind besonders die Leonhardifahrten von Aigen am Inn und Grongörgen bei Haarbach zu nennen.

Die Verehrung des Heiligen als Schutzherr der Gefangenen war viele Jahrhunderte hindurch ungebrochen. Nicht mehr bekannt ist heute, daß er auch als Patron der Geisteskranken angerufen wurde. Das Deckenfresko in der Pfarrkirche von Inchenhofen zeigt dies sehr anschaulich: Der heilige Leonhard löst die Ketten von Geisteskranken, an die sie gebunden waren. Darüber hinaus wurde der »Kettenheilige«, der »Eisenherr«, zum Helfer in allen Notlagen und Gefahren.
Seine heutige Wertschätzung genießt Sankt Leonhard als Patron des Viehs, besonders der Pferde. Der Wechsel vom Gefangenen- zum Viehpatron geht bis auf das 17. Jahrhundert zurück. Wahrscheinlich wurde die Gefangenenkette vor 300 Jahren als Viehkette gedeutet, zumal sich der Bauer stets gegen alle Krankheiten im Stall einen zuverlässigen Schutzherrn suchte. Eine Tiermedizin im heutigen Sinn gab es ja noch nicht.
Aus dem großen Vertrauen für den Heiligen mit der Kette ist auch der Brauch entstanden, an seinem Namenstag mit Pferden zu einer Leonhardikapelle zu ziehen. In Kreuth läßt sich dieser Brauch bis zum Jahre 1469 zurückverfolgen.
In der Folgezeit entstanden ähnliche Pferdewallfahrten in Inchenhofen, Benediktbeuren, Fischhausen am Schliersee, Nußdorf, Fürstenfeldbruck, St. Coloman bei Schwangau und in Bad Tölz, wo heute die wohl größte und berühmteste Leonhardifahrt

abgehalten wird. Im niederbayerischen Raum sind besonders die Leonhardifahrten von Aigen am Inn und Grongörgen bei Haarbach zu nennen.
In Bad Tölz kann man alljährlich erleben, wie ungebrochen die Verehrung des heiligen Leonhard in Altbayern bis heute ist. Nach dem großen Pferdesterben in den siebziger Jahren steht dieser Brauch – wie auch an anderen Orten – wieder in vollster Blüte. In den letzten Jahren haben sich an der Tölzer Wallfahrt über 60 Vierergespanne und viele Einzelreiter beteiligt. Frisch gestriegelt, Mähne und Schweif mit Blumen durchflochten, kommen die Pferde am Morgen des 6. November in die Stadt an der oberen Isar und ziehen über den Marktplatz zum Kalvarienberg hinauf. Besonderer Blickfang bei der Tölzer Leonhardifahrt sind die schönen »Truhenwagen«. Das sind alte, mit religiösen Motiven bemalte Holzwagen, in denen die Mädchen und Frauen in ihrer Tracht, aber auch die Ministranten mit ihren weißen Röcken Platz nehmen. Die Truhenwagen werden nach altem Brauch mit grünen Girlanden, bunten Bändern und Blumen für den Festtag geschmückt. Die Männer reiten entweder im Zug mit oder haben alle Hände voll zu tun, die Pferde durch die von den Zuschauern eingeengten Straßen zu führen.
Nach altem Brauch reitet im Festzug auf einem der herausgeputzten Rösser auch der Geistliche in vollem Ornat mit. Auf dem Kalvarienberg angekommen, liest er in der Leonhardikapelle eine Messe zu Ehren des Viehpatrons und segnet hernach alle Pferde und Reiter. Mit dieser feierlichen Zeremonie geht der offizielle Teil der Tölzer Leonhardifahrt zu Ende. Nun verteilen sich die vielen Gäste in die Wirtshäuser der Stadt, wo der »Bayerische Herrgott« noch gebührend gefeiert wird.

Martinslaterne und Martinsgans

Sankt Martin wird bei uns von den Kindern freudig erwartet, denn an seinem Namensfest ziehen sie bei einbrechender Dunkelheit mit beleuchteten Lampions durch die Straßen. Mittelpunkt der Martinsfeier in Kindergärten, Schulen und Pfarreien ist eine Szene, die veranschaulicht, wie Sankt Martin, auf einem Pferd sitzend, seinen Mantel mit einem Bettler geteilt haben soll. Dazu werden Martinslieder gesungen, von denen viele erst in den letzten Jahrzehnten entstanden sind, sowie »Martinsmännchen«, Gebildbrote aus Hefeteig, verteilt.
Die Martinsumzüge, die heute ein fester Bestandteil des bayerischen Brauchtums sind, haben sich erst nach dem Zweiten Welt-

Darstellung des Sankt Martin, Schutzpatron der Soldaten, Reiter, Bettler, Tuchmacher und Hirten.

»Ausgewählte« Martinsgänse auf einem Bauernhof in Oberbayern (rechte Seite).

krieg bei uns eingebürgert. Sie kamen mit den Heimatvertriebenen, vor allem mit den Schlesiern, zu uns.
Verehrt wurde der heilige Martin aber auch bei uns in Bayern schon seit frühester Zeit, was die zahlreichen Kirchen bezeugen, die seinen Namen tragen.
Der Heilige wurde um das Jahr 316 als Sohn eines römischen Offiziers in Ungarn geboren und trat schon mit 15 Jahren in das kaiserliche Reiterregiment ein. Zum Offizier befördert, wurde er nach Gallien versetzt, in die Stadt Amiens. Dort kam es auch zu der legendären Begegnung mit dem frierenden Bettler. Nach diesem Erlebnis empfing Martin die Taufe und quittierte kurzerhand den Soldatendienst.
Er wurde zum begeisterten Anhänger des christlichen Glaubens, wurde Einsiedler und gründete im Jahre 370 bei Poitiers das erste abendländische Kloster. Bald wählte man ihn zum Bischof von Tours. Schon zu Lebzeiten bildete sich um seine Gestalt manche Legende. Aus jeder spricht die große Beliebtheit des heiligen Martin. Und bald erklärten ihn viele Berufsstände zu ihrem Schutzpatron, so die Soldaten, Reiter und Bettler, die Tuchmacher und Hirten. Sein Grab in der Kathedrale von Tours wurde zum fränkischen Nationalheiligtum.
Über seine kirchliche Bedeutung hinaus war sein Namensfest seit jeher im Bauernjahr ein wichtiges Datum, was sich in vielen weltlichen Bräuchen ausdrückt. Zunächst denkt man natürlich an die Martinsgans, die an diesem Tag auf den Tisch kommt. Auch hier wird wieder an eine Legende erinnert, nach der sich der heilige Martin der Übernahme des Bischofsamtes von Tours zunächst durch eine Flucht in einen Gänsestall entzogen haben soll. So naheliegend diese Erklärung auch ist, so hat sie doch einen sehr geringen Wahrheitsgehalt.
Vielmehr hängt der Brauch der Martinsgans damit zusammen, daß in den Novembertagen Jahrhunderte hindurch der Pachtzins zur Zahlung fällig war. Zur Pachtsumme hinzu mußten die Bauern ihrem Pachtherrn, oft einem Kloster oder einer Kirche, vereinbarungsgemäß auch ein paar fette Gänse abliefern.
Um Martini wurde aber auch der Abschluß der Feldarbeiten mit einem Ernte- und Schlachtfest gefeiert, bei dem vor dem bevorstehenden Adventsfasten noch mal herzhaft geschmaust werden konnte. Ein Gansbraten durfte dabei ebenso wenig fehlen wie der noch junge »Martiniwein«.
Bei den Bauern galt der Martinstag stets als wichtiger Lostag für die für den Winter zu erwartende Witterung. So hielt man sich zum Beispiel an folgende Wetterregeln: »Bringt St. Martin Sonnenschein, tritt ein kalter Winter ein« oder »Wie St. Martin führt

sich ein, soll zumeist der Winter sein«. Eine andere Bauernregel besagte: »Zu St. Martin kommt das Vieh in den Stall«.
Die Weidezeit war zu Ende. Nun konnte der Dorfhirte, dem das Vieh des ganzen Ortes anvertraut war, auch bei den Bauern den ersehnten Hüterlohn für das vergangene Weidejahr abholen. In manchen Gegenden überreichte er den Bauern zum Dank eine lange Birkenrute, die sogenannte »Martinsgerte«, und sagte dazu auch einen passenden Spruch auf.
In einer Zeit, als die Bauern noch auf die Hirten angewiesen waren, hat ein Brauch im Bayerischen Wald seinen Ursprung. In Erinnerung an die Hirten, die einst zu Martini ihren Lohn erhielten, veranstalten die jungen Burschen in Rinchnach und in den umliegenden Dörfern am Vorabend von Martini ein Riesenspektakel: das »Wolfauslassen« oder »Wolfläuten«. Wie früher die Hirtenbuben läuten sie mit Kuhglocken und Geißeln. Die »Wolferer« verkleiden sich dabei als Hirten und haben einen geschmückten Hirtenstab in der Hand. So versammeln sie sich in der Martininacht auf dem Dorfplatz und erzeugen mit riesigen Schellen einen Heidenlärm.
Unterstützt werden sie dabei von Geißelschnalzern, die in einem genau festgelegten Rhythmus knallen. Mit all dem Lärm sollten einstmals nicht nur Unholde, sondern auch Bär, Wolf und Luchs vom Dorf ferngehalten werden. Nach ihrem lautstarken Stelldichein auf den Straßen ziehen die Wolferer in die Wirtshäuser, wo sie ihr Lärmen bis tief in die Nacht fortsetzen.
An einen Martinsbrauch, der in Franken gepflegt wurde, sei hier noch erinnert: Ab dem Martinitag wurden früher in Mainfranken am Abend wieder die Kirchenglocken für die Verirrten und späten Wanderer, Reisenden und Fuhrleute geläutet. Dieses tägliche Verirrtenläuten wurde bis zum Fest Petri Stuhlfeier (22. Februar) durchgeführt. Es spiegelte sich in vielen Sagen und Geschichten wider, in denen in oft furchterregender Weise an das rechtzeitige Heimgehen vor dem Einbruch der Dunkelheit erinnert wurde.

An einen Martinsbrauch in Franken sei hier erinnert: Ab Martini wurde früher in Mainfranken am Abend wieder eine Glocke für die Verirrten und späten Wanderer, Reisenden und Fuhrleute geläutet. Dieses Verirrtenläuten dauerte bis zum Fest Petri Stuhlfeier (22. Februar). Es spiegelte sich in vielen Sagen und Geschichten wider, in denen in oft furchterregender Weise an das rechtzeitige Heimgehen vor dem Einbruch der Dunkelheit erinnert wurde.

Der Zug der Leonhardifahrer von Benediktbeuern unterwegs (rechte Seite unten).

BRAUCHTUMSFESTE IM NOVEMBER

1. November:
Allerheiligen, Allerseelen.
Aufstellen von Totenbrettern im alpenländischen Raum
und im Bayerischen Wald.

Sonntag vor dem 6. November:
Leonhardifest in Aigen am Inn.

6. November:
Leonhardiritte am Tag des heiligen Leonhard mit Pferdewallfahrten in Kreuth, Inchenhofen, Benediktbeuern, Fischhausen am Schliersee, Nußdorf, Fürstenfeldbruck, St.Coloman und in Grongörgen bei Haarbach.
Leonhardifest in Bad Tölz (größte und berühmteste Leonhardifahrt).

Samstag vor Martini:
Martiniritt in Miltach im Bayerischen Wald.

11. November:
St. Martinsfest (Martinigans, Martinslaterne).

Wie's im Dezember der Brauch ist

Für die Christen ist der Dezember der Weihnachtsmonat. Der Advent, die Tage vor dem Fest, versteht sich als Zeit der Vorbereitung und Erwartung und führt hin zum Geburtsfest des Herrn. Die Advents- und Weihnachtszeit ist besonders reich an Bräuchen, die teilweise noch an finstere heidnische Zeiten erinnern.

Im römischen Kalender war der Dezember der zehnte Monat des Jahres. Er bringt die kürzesten Tage und die längsten Nächte. Am 22. Dezember, dem Tag der Sonnenwende, beginnt nach dem Kalender der Winter.

Für die Christen ist der Dezember der Weihnachtsmonat. Der Advent, die Tage vor dem Fest, versteht sich als Zeit der Vorbereitung und Erwartung und führt hin zum Geburtsfest des Herrn. Die Advents- und Weihnachtszeit ist besonders reich an Bräuchen, die teilweise noch an finstere heidnische Zeiten erinnern. Dieses Nebeneinander von christlichen und heidnischen Elementen ist gerade für den Advent kennzeichnend, der oft als »die stillste Zeit des Jahres« beschrieben wurde. Dem stand freilich der Lärm entgegen, der gerade das Nikolausbrauchtum kennzeichnet.

Im Christbaum, dem Symbol des deutschen Weihnachtsfestes, begegnen wir einem verhältnismäßig jungen Brauch, der sich erst in den letzten hundert Jahren bei uns durchsetzte. Das trifft noch mehr für den Adventskranz zu, der Anfang dieses Jahrhunderts bei uns heimisch werden konnte.

Paradeisl und Adventskranz

Ohne den Adventskranz können wir uns heute die vorweihnachtliche Zeit gar nicht mehr vorstellen. Wir finden ihn in den Familien, in den Schulen, in Büros und Betrieben, in Supermärkten und Kaufhäusern: gebunden aus Tannen- oder Fichtenzweigen oder auch aus Stroh, umwunden mit einem roten Band. Die vier Kerzen, die auf den Kranz gesteckt werden, symbolisieren die vier Adventssonntage. Die große Beliebtheit und allgemeine Verbreitung, die er im deutschsprachigen Raum gefunden hat, könnten die Vermutung nahelegen, daß es sich beim Adventskranz um einen sehr alten Brauch handelt. Dem ist aber nicht so. Seinen Ursprung hat unser Adventskranz nicht in bayerischen Landen, sondern im evangelischen Norden Deutschlands. Als sein geistiger Vater gilt der Oberkirchenrat und Begründer der Inneren Mission, Johann Heinrich von Wichern, der 1860 in einem

Hamburger Waisenhaus in der Vorweihnachtszeit einen Kronleuchter aufhängen ließ, auf dem für jeden Tag des Advents eine Kerze aufgesteckt war. An den Adventsabenden versammelten sich die Waisenkinder unter dem Leuchter und entzündeten jeweils eine weitere Kerze. Um die Jahrhundertwende wurde der Brauch aus dem Hamburger Waisenhaus in abgewandelter Form wieder aufgegriffen: Aus dem Adventskronleuchter wurde ein Kranz aus Tannengrün, statt der vielen Kerzen begnügte man sich mit vier, die an den Adventssonntagen nacheinander entzündet wurden. Mit dem Grün des Adventskranzes knüpfte man an einen uralten heidnischen Brauch der Mittwinterzeit an: Mit

Adventssingen in Hagen bei Murnau. Die Adventssingen, an vielen Orten auch als Weihnachtssingen gestaltet, sind heute fester Bestandteil des weihnachtlichen Brauchtums.

grünen Zweigen, die in der Stube aufgehängt wurden, wollte man einst Gesundheit, Wachstum und Fruchtbarkeit in Haus, Stall und Feld sichern und böse Geister abhalten.
In den katholischen Familien Süddeutschlands konnte sich der Adventskranz aber erst allmählich durchsetzen. Heute hängt in jeder Kirche der grüne Kranz.

In den katholischen Familien Süddeutschlands konnte sich der Adventskranz erst allmählich durchsetzen, in katholische Kirchen Münchens fand er erst in den dreißiger Jahren Eingang. Heute hängt in jeder Kirche der grüne Kranz. Der Adventskranz, vor 60 Jahren im katholische Süden noch kaum bekannt und wegen seiner Herkunft aus dem protestantischen Norden abgelehnt, ist heute auch bei uns heimisch geworden und vom Brauchtum der Vorweihnachtszeit nicht mehr wegzudenken.

Früher stellte man, vor allem in Altbayern, das »Paradeisl« auf, eine schlichte Pyramide mit vier Kerzen. Ihr Grundriß bildeten drei bunte Holzstäbe, an deren Ende jeweils ein rotbackiger Apfel gesteckt war. Gekrönt war das Paradeisl mit einem weiteren Apfel, der mit den anderen Früchten durch Stäbe verbunden war. In allen Äpfeln steckten kleine Kerzen sowie Tannenzweiglein.

Staade Weisen beim Adventssingen

Überall in Stadt und Land wird jetzt in den vorweihnachtlichen Tagen zu Adventssingen eingeladen: In Kirchen und sogar in den großen Konzertsälen erklingen längst vergessene geistliche Lieder und Weisen, begleitet auf alten Volksinstrumenten.
Die Adventssingen, an vielen Orten auch als Weihnachtssingen gestaltet, sind heute ein fester Bestandteil des weihnachtlichen Brauchtums. Die staaden Weisen und schlichten Gesänge dieser adventlichen Feierstunden wollen den gehetzten Menschen unserer Tage helfen, stille zu werden und sich auf das nahe Weihnachtsfest einzustimmen.
Wie der Adventskranz, so ist auch das Adventssingen ein recht junger Brauch, der erst nach dem Ende des Zweiten Weltkrieges bei uns entstanden ist. Dabei wurde freilich an eine alte Tradition angeknüpft, denn früher traf man sich gerade in den Adventstagen gerne zum gemeinsamen Singen und Musizieren. Als der geistige Vater des Adventssingens gilt Tobi Reiser (1907-1975), der 1946 zum ersten Salzburger Adventssingen einlud, das damals noch in ganz kleinem Rahmen stattfand. Die Begeisterung des Publikums war so groß, daß das Adventssingen bald ins Festspielhaus verlegt werden mußte. Bis heute hat dieses Singen, in dessen Mittelpunkt ein in der heimischen Mundart vorgetragenes Hirtenspiel steht, nichts von seiner Anziehungskraft eingebüßt. Die Vorstellungen sind stets restlos ausverkauft.

Was für Salzburg Tobi Reiser war, das sollte bei uns in Bayern der Volksliedsammler Kiem Pauli (1882–1960) werden, der, ebenfalls 1946, in die von Bomben zerstörte Universität in München mit einigen Gesangsgruppen zu einem ersten Adventssingen eingeladen hat.
Angesichts der Überfülle an Veranstaltungen und auch mancher Kommerzialisierung besteht die Gefahr, daß Adventssingen nicht mehr ganz dem Charakter der »staaden Zeit« und dem Bedürfnis nach Stille und Besinnung entsprechen.

BAUERN- UND WETTERREGELN

Regnet's an St. Nikolaus (6. Dezember),
wird der Winter streng und kraus.

Donnert's im Dezember gar,
bringt viel Wind das nächste Jahr.

Dezember veränderlich und lind,
ist der ganze Winter ein Kind.

An Sankt Lucia (13. Dezember)
ist der Abend dem Morgen nah.

Sankt Lucia stutzt den Tag
und macht die längste Nacht.

Auf kalten Dezember mit tüchtigem Schnee
folgt ein fruchtbares Jahr mit reichlichem Klee.

Weihnachten im Klee,
Ostern im Schnee.

Blast der Wind am Stephanitag (26. Dezember) recht,
wird der Wein im nächsten Jahr schlecht.

Wer sein Holz nach Weihnacht fällt,
dessen Gebäude zehnfach hält.

Wind in der Silvesternacht
hat nie Wein und Brot gebracht.

Das Aufstellen von Krippen und die Aufführungen von Krippenspielen sind ein beliebter Brauch in der Vorweihnachtszeit. Etwas Besonderes ist diese »lebende« Krippe in Andechs (rechte Seite).

Am Barbaratag

Wie der heilige Nikolaus, so zählt auch die heilige Barbara zu den 14 Nothelfern. Sie lebte im 3. Jahrhundert in Nikomedien in der heutigen Türkei. Das junge Mädchen war wegen seiner Schönheit und Klugheit weithin bekannt und begehrt. Als Barbara die Heiratspläne des Vaters ignorierte, zog sie sich seinen Zorn zu, und das so umso mehr, als sie der jungen Christengemeinde beitrat. Das bewog ihn, sie in einen Turm einzusperren. Deshalb ist sie auf Darstellungen immer mit einem Turm abgebildet.
Als auch die Kerkerhaft nichts erreichen konnte, gab Dioscurus den Befehl, seine eigene Tochter zu enthaupten. Nach der Überlieferung soll sich aber ein Berg aufgetan haben, der die Standhafte ihrem Vater entzog. Erst beim zweiten Versuch konnte er Barbara mit einem Schwert töten. Das war im Jahre 306.
Von den vielen Legenden, die sich um das Leben der tapferen Barbara ranken, leiten sich auch die vielen Patronate ab. So wird sie von den Bergleuten, den Feuerwehrleuten, Feuerwerkern, Glockengießern, Glöcknern, Schmieden und Artilleristen verehrt. Darüber hinaus schützte sie vor Feuer, Pest und schweren Gewittern, und man betete zu ihr um eine gute Sterbestunde.
Die heilige Barbara zählt zusammen mit der heiligen Katharina von Alexandrien (25. November) und der heiligen Margarete (20. Juli) zur Gruppe jener Mädchen, die von jeher besonders verehrt wurden. Im Volksmund heißt es von ihnen:

Margarete mit dem Wurm,
Barbara mit dem Turm,
Kathl mit'm zerbrochenen Radl,
das sind die drei heiligen Madl.

Als Brauch verbindet man bei uns mit dem Barbaratag vor allem das Schneiden von Barbarazweigen. Dafür eignen sich vor allem Kirsch-, Zwetschgen- und Forsythienzweige, die man bis Weihnachten zum Blühen zu bringen hofft. Beim Schneiden der Zweige galt es früher, einige Regeln zu beachten: Geschnitten werden sollte in der Nacht vor dem Barbaratag vor Sonnenaufgang, dabei durfte nicht gesprochen werden. In den Bereich des Aberglaubens gehörte es auch, wenn die Mädchen vom Aufblühen der Zweige die erwartete Hochzeit ableiteten. Darüber hinaus glaubte man auch, Gesundheit, Krankheit oder Tod vom Aufblühen oder Verdorren der Barbarazweige ablesen zu können. So wurde der Barbaratag zu einem wichtigen Lostag. In der Oberpfalz waren die Barbarazweige die Vorläufer des Christbaums.

NIKOLAUS

2. Hast in dein Sackerl drinn
Apferl und Kern,
viel Nussn und Feign,
mei, de mag in gern!

3. Sag zu dein Kramperl glei,
bin no so kloa,
er derf mi fei ja net
in Sack einitoa!

In diesem Adventskalender sind die Überraschungen in kleinen Nikolausstiefeln versteckt.

NIKOLAUS BEI DEN KINDERN

Von den Kindern teils mit recht gemischten Gefühlen erwartet, begibt sich der heilige Nikolaus an seinem Namensfest am 6. Dezember, vor allem aber am Vorabend, nach Einbruch der Dunkelheit auf seinen alljährlichen Rundgang. Die historisch kaum faßbare Gestalt des Heiligen hat zu zahlreichen Legenden angeregt. Er lebte im 4. Jahrhundert als Bischof in der Stadt Myra, der Hauptstadt der römischen Provinz Lykien in Kleinasien, und wurde zuerst vor allem in der griechischen Kirche verehrt. Zum Volksheiligen bei uns wurde er erst, als italienische Kaufleute seine Gebeine im Jahre 1087 von Myra in die Hafenstadt Bari überführten, wo sie noch heute in einem Marmorgrab in der Krypta der romanischen Basilika S. Nicola ruhen.
Durch Kreuzfahrer und Pilger gelangte die Nikolausverehrung von Bari und Konstantinopel, den wichtigsten Stätten des Nikolauskultes, auch in unsere Heimat. Seit dem Mittelalter weihte man dem Heiligen zahlreiche Kirchen und Kapellen. Vielerorts,

etwa in Rosenheim und München, wurden Nikolausmärkte abgehalten. In der bayerischen Landeshauptstadt war ein derartiger Nikolausmarkt (auch) der Vorläufer des heutigen Christkindlmarktes. Er hatte bis 1597 in der Neuhauser Straße vor der ehemaligen Nikolauskapelle, der heutigen Michaelskirche, seinen Platz. Künstler stellten den Heiligen, der nach der Legende drei armen Mädchen nachts heimlich einen Goldklumpen durchs offene Fenster geworfen haben soll, als Bischof mit drei Äpfeln bzw. Kugeln dar.
Doch wie wurde der heilige Nikolaus zum vorweihnachtlichen Gabenspender? Wiederum hilft uns die Legende, weiß sie doch zu berichten, daß sich der Heilige durch besonders große Freigebigkeit gegenüber den Armen hervorgetan hat. Als einmal in seinem Land eine große Hungersnot herrschte, beschaffte er selbst Getreide, ließ Brot backen und brachte es den Armen. Das erklärte auch, daß ihn schon bald die Bäcker zu ihrem Berufspatron erwählten. Nach einem inzwischen fast vergessenen Brauch stellten sie zum 6. Dezember Nikolausgebildbrote her. In Waldmünchen in der Oberpfalz gibt es beim Bäcker noch jedes Jahr zum Nikolaustag »Stutzbockerln«. Das sind Gebildbrote in der Form einer Trompete, einer Schnecke oder eines Hasen. Im Stiftland um Waldsassen in der Oberpfalz kennt man die »Niklasrungla« aus Hefeteig. In der Rhön, vor allem in Ostheim, freuen sich die Kinder auf Lebkuchenreiter und -puppen aus Honigteig. Im Schwäbischen gibt es »Klausenmännle« und »Klausenweible«. Die »Klausenzelta«, dunkle Honiglebkuchen, sind bis heute das eigentliche Nikolausgebäck.
Nach der Legende hatte der heilige Nikolaus aber vor allem ein Herz für die Kinder. Einmal soll er sogar drei umherziehende Schüler, die – welch schrecklicher Gedanke – von einem bösen Wirt zerstückelt worden waren, wieder zum Leben erweckt haben. Unser Brauch, daß der Heilige die Kinder besucht, geht auf mittelalterliche Bischofsspiele zu Ehren des Heiligen zurück. Dabei wählten Klosterschüler einen Mitschüler zum Bischof und zogen bettelnd durch die Straßen. In dem verkleideten Bischof sah man den heiligen Nikolaus, den Patron der Kinder.
Wenn der Nikolaus zu den Kindern kommt, ist er wie ein Bischof gekleidet, mit weißem Chorrock, Rauchmantel, Mitra und Bischofsstab. Aus seinem großen goldenen Buch liest er Gutes und Böses vor, lobt und ermahnt die Kinder. Nach dieser unverzichtbaren Vorrede holt er aus seinem Sack Äpfel, Nüsse, Lebkuchen und Süßigkeiten und belohnt die Kleinen. Dort, wo er nicht persönlich erscheint, füllt er Schüsseln, Teller, Säckchen oder die Schuhe, die vor die Tür gestellt werden.

Wenn der Nikolaus zu den Kindern kommt, ist er wie ein Bischof gekleidet, mit weißem Chorrock, Rauchmantel, Mitra und Bischofsstab. Aus seinem großen goldenen Buch liest er Gutes und Böses vor, lobt und ermahnt die Kinder. Nach dieser unverzichtbaren Vorrede holt er aus seinem Sack Äpfel, Nüsse, Lebkuchen und Süßigkeiten und belohnt die Kleinen.

Der Nikolaus als Bischof gekleidet, mit Mitra und Bischofsstab, macht seinen Rundgang über den Weihnachtsmarkt.

Früher war es bei uns Brauch, daß der Nikolaus die Weihnachtsgeschenke brachte, wobei man natürlich an kleine, bescheidene Gaben denken muß. In Altbayern und Schwaben z. B. wurden die Kinder noch im letzten Jahrhundert auf dem Land nicht zu Weihnachten, sondern am Nikolaustag beschenkt.

Es gibt wohl kaum einen Heiligen, der eine ähnlich lange Liste an Patronaten aufweisen kann wie der heilige Nikolaus. Neben den Kindern und Schülern, Bäckern, Schiffsleuten und Flößern erwählten den Heiligen, der auch zur Schar der 14 Nothelfer gezählt wird, die Gefangenen, die Armen und Kranken, die Reisenden und Pilger, die Getreidehändler und Kaufleute, die Apotheker und Richter zu ihrem Schutzpatron. Seit dem Mittelalter haben sich auch viele kirchliche und zünftige Burschenschaften unter den Schutz dieses populären Heiligen gestellt. Aus der Vielzahl der Patronate spricht die hohe Wertschätzung, die St. Nikolaus zu allen Zeiten zuteilt wurde.

Nach seiner Lebensgeschichte soll St. Nikolaus das sehnlichst erwartete Getreide mit einem Schiff zu den Armen gebracht haben. So ist er auch auf vielen Abbildungen zu sehen. Wegen dieser Begebenheit erwählten ihn die Schiffsleute zu ihrem Patron. In unserer Heimat waren das die Flößer und Schiffer auf Inn und Salzach. Die große Verehrung des Heiligen bezeugen auch viele Nikolauskirchen, die man häufig in der Nähe von Flüssen und Seen findet. So gibt es allein in der Diözese Augsburg über 100 Nikolauskirchen und -kapellen.

Immer wieder hat die Gestalt dieses Heiligen die Phantasie der Menschen angeregt. So bildeten sich zahllose Legenden und auch Volksmärchen. Die legendären Geschichten haben ihren Niederschlag auch in vielen Kunstwerken gefunden. Stellvertretend sei an die lebensgroße Figur von St. Nikolaus in der Klosterkirche von Osterhofen, einem Meisterwerk der Brüder Asam, erinnert.

An das Patronat des Heiligen knüpft auch ein alter Kinderbrauch an: Am Vorabend oder am Abend seines Namenstages stellten früher in manchen Gegenden die Kinder ein Papierschiffchen vor die Tür, das bis zum Morgen mit Gaben gefüllt war. Heute wird dieser Brauch auch mit ausgestellten Schuhen, Stiefeln oder Pudelmützen ausgeübt.
Es gibt wohl kaum einen Heiligen, der eine ähnlich lange Liste an Patronaten aufweisen kann wie der heilige Nikolaus. Neben den Kindern und Schülern, Bäckern, Schiffsleuten und Flößern erwählten den Heiligen, der auch zur Schar der 14 Nothelfer gezählt wird, die Gefangenen, die Armen und Kranken, die Reisenden und Pilger, die Getreidehändler und Kaufleute, die Apotheker und Richter zu ihrem Schutzpatron. Seit dem Mittelalter haben sich auch viele kirchliche und zünftige Burschenschaften unter den Schutz dieses populären Heiligen gestellt. Aus der Vielzahl der Patronate spricht die hohe Wertschätzung, die St. Nikolaus zu allen Zeiten zuteilt wurde.

Unheimliche Begleiter des heiligen Nikolaus

Nach altem Brauch kommt St. Nikolaus, wenn er die Kinder besucht, nicht allein. Die Begleiter scheinen aber gar nicht zu der Heiligkeit dieses Mannes der Kirche zu passen. Die äußerst finsteren Gesellen heißen je nach Gegend Knecht Ruprecht, Krampus, Pelzmärtel, Klaubauf, Rauwuckl, Butz oder Rumpelblas. In Altbayern kennt man auch noch den Gangerl und meint damit den Teufel.
Bei diesen recht unheimlichen Begleitern handelt es sich um Schreckgestalten, die an heidnische Zeiten erinnern, als sich die Menschen noch vor bösen Mächten ängstigten. Um ihre Schrecklichkeit zu unterstreichen, schwingen die Nikolausgesellen eine Rute, mit der sie sich bei den Kindern noch zusätzlichen Respekt verschaffen. Sie verkörpern, ganz im Gegensatz zu St. Nikolaus, das Böse und Finstere.
Das wird besonders in einem recht eigenartigen Brauch aus dem Berchtesgadener Land deutlich. Hier begibt sich nämlich der heilige Nikolaus mit einer wilden Horde von »Buttmandl« auf seinen jährlichen Rund-

Im Berchtesgadener Land begleiten die »Buttmandl« den heiligen Nikolaus auf seinem jährlichen Rundgang. Diese furchterregenden Gestalten sind am ganzen Leib mit Stroh umwickelt.

gang. Diese tragen furchterregende Tiermasken und sind am ganzen Leib mit Strohbüscheln umwickelt. Nicht dabei ist hier der Knecht Ruprecht oder Krampus. Dafür folgt dem Heiligen das »Nikoloweibl«, ein Bursche, gekleidet in der heimatlichen Tracht mit Dirndl und Trachtenhütchen. Damit die sonderbare Gesellschaft komplett ist, mischen sich noch ganz wilde Gestalten darunter: die »Gangerl«. Das sind Teufel, die meist Felljacken anhaben und auf dem Kopf Tierhörner tragen. Vor dem Gesicht haben sie einen schwarzen Strumpf.

Hat der Nikolaus ein Haus erreicht, so verschaffen sich seine Begleiter sogleich überaus lautstark Einlaß in die Stube, wo mit der ganzen Familie die Kinder voller Herzklopfen auf ihr Kommen warten. Mit den Kuhglocken, die sich die Buttmandl und Gangerl umgehängt haben, sowie durch ihr Kreischen und Brüllen erzeugen sie einen schrecklichen Lärm. Bei Licht kann man auch gut die finsteren Tiermasken und blutverschmierten Hörner sehen. Sobald der Bischof aber durch die Tür eintritt und mit seinem Stab kräftig auf den Boden stößt, verstummt augenblicklich das wilde Treiben. Die Gangerl gehen lautlos auf die Knie und auch die Buttmandl verhalten sich ganz still.

Nun spricht der Nikolaus, wie gewohnt, zu den Kindern und verteilt dabei die Gaben, die ihm vom Nikoloweibl gereicht werden. Wenn aber der fromme Mann die Stube verlassen hat, beginnt ein noch wilderes Treiben als vorher. Mit höllischem Lärm stürzen sich die Buttmandl und die Gangerl auf alle, die sich im Haus aufgehalten haben, und treiben sie hinaus. Vor allem haben sie es dabei auf die jungen Mädchen abgesehen. Ihr Werk ist erst zu Ende, wenn alle draußen sind.

Das Buttmandllaufen, das in den letzten Jahren wieder neu belebt wurde, ist ein Musterbeispiel dafür, daß sich in vielen unserer Bräuche, die uns christlich erscheinen, noch Reste eines alten, heidnischen Dämonenglaubens erhalten haben. Die lärmenden Begleiter des heiligen Nikolaus sollten nach alter Vorstellung mit ihrem wilden Toben böse Geister von Haus und Hof fernhalten und so Gesundheit und Wachstum im neuen Jahr sicherstellen.

Wenn sie schließlich den Ort ihres Tobens verlassen haben, dann erinnert lediglich noch das Stroh an den Besuch der seltsamen Nikolausbegleiter.

Das Buttmandllaufen, das in den letzten Jahren wieder neu belebt wurde, ist ein Musterbeispiel dafür, daß sich in vielen unserer Bräuche, die uns christlich erscheinen, noch Reste eines alten, heidnischen Dämonenglaubens erhalten haben. Die lärmenden Begleiter des heiligen Nikolaus sollten nach alter Vorstellung mit ihrem wilden Toben böse Geister von Haus und Hof fernhalten und so Gesundheit und Wachstum im neuen Jahr sicherstellen.

Wir ziehen daher

2. Wir ziehen daher übern Bauern sein Hof,
wir werd'n ihm scho hüatn seine Rinder und Roß.

3. Wir wünschen dem Bauern an goldigen Wag'n
ja, daß er mit der Bäurin in Himmel kann fahrn.

4. Wir wünschen der Bäurin an goldigen Ring,
in der Mitt' drin a Sterndl, liegt's Christkindl drin.

5. Wir wünschen den Hausleut a glückseligs neu's Jahr,
a Christkindl, a Christkindl mit aufkrauste Haar.

6. Wir könna net dableib'n, wir müaßn wieder gehn,
für das, was ma kriagt habn, bedank ma uns schön.

Das bekannteste Klausentreiben findet in Oberstdorf am 6. Dezember in den Abendstunden statt. Mitmachen dürfen dabei nur junge Burschen, die im Ort wohnen. Darauf wird auch in anderen Orten wie Immenstadt oder Berghofen geachtet.

Klausentreiben im Allgäu

Recht unchristliche Vorstellungen haben in einen Brauch Eingang gefunden, der am Vorabend des Nikolaustages im oberen Illertal und seinen Seitentälern seit den dreißiger Jahren unseres Jahrhunderts durchgeführt wird. Es ist das Klausentreiben. Obgleich es zeitlich mit dem Namensfest des heiligen Nikolaus zusammentrifft, hat es damit eigentlich nichts zu tun. Das bekannteste Klausentreiben findet in Oberstdorf am 6. Dezember in den Abendstunden statt. Mitmachen dürfen dabei nur junge Burschen, die im Ort wohnen. Darauf wird auch in anderen Orten wie Immenstadt oder Berghofen streng geachtet.

Das Klausentreiben, ein Brauch, der am Vorabend des Nikolaustages im Allgäu durchgeführt wird, existiert seit den dreißiger Jahren unseres Jahrhunderts. Furchterregende Gestalten ziehen am 6. Dezember durch Oberstdorf.

Die Klausen verkleiden sich mit Fellen, auf dem Kopf tragen sie ein Hirschgeweih und vor dem Gesicht auch oft furchterregende, groteske Masken. Der im Allgäu übliche Name »Rumpelklausen« leitet sich von den Kuhschellen ab, die sie sich um den Leib binden. Wenn die Klausen in ganzen Rudeln lärmend durch die nächtlichen Straßen ziehen, haben sie es vor allem auf die Mädchen abgesehen. Sie verfolgen sie laut schreiend und schlagen mit Ruten auf sie ein. Obgleich aufgrund unerfreulicher Vorkommnisse die Zahl der Klausen beschränkt ist und diese auch namentlich erfaßt werden, kommt es immer wieder zu Ausschreitungen, die in der Presse für reißerische Schlagzeilen sorgen. Diese unliebsamen Begleiterscheinungen bringen diesen Brauch, über dessen Ursprung es nur Spekulationen gibt, immer wieder in Verruf. Mit Sicherheit hat er nichts mit dem christlichen Nikolausbrauchtum zu tun. Vieles deutet darauf hin, daß heidnische Vorstellungen elementare Wurzeln dieses Brauches sind, der wegen der immer wieder auftretenden Übergriffe der Klausen nicht nur besorgte Brauchtumspfleger erregt.

Klöpfler und Klöckler unterwegs

An den ersten drei Donnerstagen im Advent machten sich früher in Altbayern, aber auch im Fränkischen, vielerorts bei hereinbrechender Dunkelheit die Klöpfler oder Klöckler auf den Weg. Maskiert und vermummt, pochten sie an Fenster und Türen und erzeugten mit Glocken einen gewaltigen Lärm.
Von den Bauern wurden diese finsteren Gestalten, die nach altem Volksglauben Geister und Dämonen vertreiben sollten, bereits sehnsüchtig erwartet, denn man versprach sich von ihrem Kommen eine gute Ernte und Gesundheit in Haus und Hof. Daher wurden sie auch, wenn sie ihre Glück- und Segenswünsche ausgesprochen hatten, von der Bäuerin mit allerlei Eßbarem, mit Eiern, Fleisch und Mehl, beschenkt. Aus diesem Grund war das Klöckeln, in der Oberpfalz »Göllen« genannt, auch den Armen des Dorfes vorbehalten, die sich auf diese Weise vor Weihnachten mit Lebensmitteln eindeckten.
Was nahe lag, ist nicht ausgeblieben: Der Heischegang der Klöpfler wurde mißbraucht, er artete in eine allgemeine Bettelei aus und wurde als Belästigung empfunden. So erzählt man sich von den Mittenwalder Klöpflern, daß sie auf ihren richtig organisierten Bettelgängen die Isar abwärts sogar bis Lenggries und Tölz gekommen sind. Der Brauch mußte deshalb in der Vergangenheit von den Behörden wiederholt verboten werden, zumal es unter den Klöpflern oft zu Raufereien kam. So geschah es, daß der einstige Heischegang in der Adventszeit weitgehend in Vergessenheit geriet.
In jüngster Zeit wurde er da und dort, z. B. in Oberammergau, Niederaudorf und Tittmoning als Kinderbrauch wieder neu belebt. Hier ziehen an den Adventsdonnerstagen Kinder als Klöpfler nach Einbruch der Dunkelheit von Haus zu Haus, sie

In jüngster Zeit wurde er da und dort, z. B. in Oberammergau, Niederaudorf und Tittmoning, als Kinderbrauch wieder neu belebt: Hier ziehen an den Adventsdonnerstagen Kinder als Klöpfler nach Einbruch der Dunkelheit von Haus zu Haus, sie sagen alte Klöpfelverse auf und singen Klöpfellieder. Und wie früher werden die Klöpfler bei ihrem Besuch beschenkt. Der Erlös von ihrem Rundgang wird einem wohltätigen Zweck oder der Mission zugeführt.

sagen alte Klöpfelverse auf und singen Klöpfellieder. Und wie früher werden die Klöpfler bei ihrem Besuch beschenkt. Der Erlös von ihrem Rundgang wird einem wohltätigen Zweck oder der Mission zugeführt.

St. Lucia und die schiache Luz

Im Namenstagskalender steht am 13. Dezember das Fest der heiligen Lucia. Diese Heilige wurde in der Stadt Syrakus auf Sizilien geboren und um das Jahr 300 unter dem römischen Kaiser Diokletian wegen ihres Glaubens enthauptet. Nach der Legende wollte sie sich einem Verehrer dadurch entziehen, daß sie sich ihre Augen herausriß. Deshalb hat man die Heilige mit Vorliebe bei Augenkrankheiten angerufen.
Bis zur Einführung des Gregorianischen Kalenders im Jahre 1582 war der 13. Dezember der kürzeste Tag des Jahres, der Tag der Wintersonnenwende. Nach dem Lucientag, so glaubte man, beginnt der Tag wieder zu wachsen. Deshalb hieß es noch im letzten Jahrhundert in Tirol: »St. Lutzen macht den Tag stutzen.« Dunkelheit und Licht kennzeichnen diesen Tag.
In Schweden ist der Lucientag bis heute ein überaus beliebtes Fest in der Vorweihnachtszeit. Nach altem Brauch setzen sich weißgekleidete Mädchen einen Kranz aus brennenden Kerzen aufs Haupt und besuchen als »Lucienbraut« Schulen und Kindergärten, aber auch Betriebe und Büros, wo sie Weihnachtslieder singen. Am Abend finden dann zu Ehren der Heiligen Lichterzüge statt.
Bei uns erinnert ein alter Brauch an die Lichtbringerin Lucia, der in den letzten Jahren wieder neu belebt wurde. In Fürstenfeldbruck bei München basteln die Schulkinder schon viele Wochen vor dem Lucientag aus Pappe, Sperrholz und Transparentpapier Modelle von den Häusern der Stadt. Am Abend des Namensfestes bringen sie, voller Stolz, ihre prächtigen Lucienhäuschen in die Pfarrkirche, wo sie feierlich gesegnet werden. Danach tragen die Kinder ihre innen mit einer Kerze beleuchteten Kunstwerke zur nahen Amper, wo sie Stadtarbeiter in das Wasser setzen. Dort treiben sie steuerlos auf der Strömung dahin. Dieser Brauch soll auf eine Hochwasserkatastrophe im Jahre 1785 zurückgehen. Damals sollen sich die Bürger der Stadt der Tagesheiligen Lucia verlobt haben, die sie um Hilfe anflehten.
Bei den Lucienhäuschen handelt es aber wahrscheinlich um einen Brauch, der schon viel älter ist und auch in anderen an Flüssen gelegenen Orten, z. B. in Wasserburg, bekannt war. Dieser

In Altbayern stellte man früher anstatt dem Adventskranz das »Paradeisl« auf, eine schlichte Tannenzweig-Pyramide mit vier Kerzen.

als Lichterschwemmen weithin bekannte Brauch beschränkte sich nicht auf den bayerischen Raum. So hat der Volkskundler Leopold Kretzenbacher das Lichterschwemmen im gesamten Alpengebiet nachgewiesen. Es ist denkbar, daß in Fürstenfeldbruck der vielleicht in Vergessenheit geratene Brauch im Jahre 1785 anläßlich der Wasserflut am Namensfest der heiligen Lucia wieder neu belebt wurde.
Keinerlei Gemeinsamkeit mit der Heiligen des Lichtes hatte die Schreckgestalt »Schiache Luz«, auch »Luzelfrau« genannt, die nach altem Volksglauben in der Oberpfalz und im Bayerischen Wald am Vorabend des 13. Dezember auftauchte. Gekleidet in zerlumpten Gewändern, mit häßlichem Gesicht und ungepflegtem Haar, in der rechten Hand eine Sichel mit Wetzstein, lief sie durch die finsteren Straßen. Bei ihrem Erscheinen wetzte sie ihr mitgeführtes Messer und leierte dazu den Spruch: »A Mölterl (Milchgefäß aus Ton) voll Bluat und a Schüsserl voll Darm…«. In der Umgebung von Wunsiedel brachte man ihr etwas zu essen, damit sie die Felder segnete. Hinter der schiachen Luz verbarg sich eine heidnische Gestalt, die nach altem Volksglauben in der Mittwinterzeit ihr Unwesen trieb. So fand sie Eingang in das Brauchtum der Adventszeit.
Wie die Andreasnacht war früher auch die Luciennacht eine Losnacht. Mit mancherlei Aberglauben, z. B. dem Pantoffelwerfen, versuchten die jungen Mädchen den Namen des künftigen Hochzeiters zu erfahren. So wurde die Luciennacht in der Zeit der Wintersonnenwende zu einer Orakelnacht.

Wie die Andreasnacht war früher auch die Luciennacht eine Losnacht. Mit mancherlei Aberglauben, z. B. dem Pantoffelwerfen, versuchten die jungen Mädchen den Namen des künftigen Hochzeiters zu erfahren. So wurde die Luciennacht in der Zeit der Wintersonnenwende zu einer Orakelnacht.

Räuchern in den Rauhnächten

Wir aufgeklärten Menschen des 20. Jahrhunderts haben dafür natürlich kein Verständnis mehr, aber nach dem festen Glauben unserer Vorfahren standen die Nächte am Ende eines alten und am Beginn eines neuen Jahres unter dem verstärkten Einfluß böser Mächte und Gewalten. Es handelt sich dabei um zwölf Nächte, nämlich zwischen der Nacht vor dem Thomasfest am 21. Dezember und der Nacht vor dem Dreikönigstag am 6. Januar. Regional unterschiedlich galt als Beginn dieser geheimnisvollen Zeit auch die Christnacht.
Diese zwölf Nächte, auch die »Zwölften« genannt, heißen im Volksmund »Rauh-« oder »Rauchnächte«. Die Bezeichnung

Eine besondere Form der Verehrung der heiligen Lucia sind die Lucienhäuschen, die Schulkinder in Fürstenfeldbruck basteln. Nach ihrer Segnung in der dortigen Pfarrkirche (Abbildung) werden sie in das Wasser der Amper gesetzt.

»Rauchnächte« erinnert daran, daß man dem üblen Treiben der bösen Geister dadurch Einhalt gebieten wollte, daß in der Thomasnacht, in der Christnacht, in der Silvester- und Dreikönigsnacht die Wohnräume, aber auch die Ställe, mit Weihrauch ausgeräuchert wurden. Dieser Brauch hat sich bis heute auf dem Land und sogar in der Stadt erhalten.

Nach altem Volksglauben waren die zwölf Rauhnächte die geheimnisvollste Zeit des Jahres, nach der Überzeugung unserer Vorfahren tobte nämlich in den Nächten zwischen Thomastag und Dreikönig die »Wilde Jagd«, das Geisterheer, über das Land. Die gefürchteten Unholde wollte man mit viel Lärm vertreiben, ein Gedanke, der auch dem Berchtesgadener Weihnachtsschießen zugrundeliegt.

Wie die Luciennacht war die Thomasnacht – nach der jüngsten Reform des kirchlichen Namenstagskalenders fällt der Namenstag des Apostels Thomas auf den 3. Juli – überaus geheimnisvoll und unheimlich, denn diese ist die längste Nacht des Jahres, eine Nacht voller Rätsel. Wie in der Luciennacht trieb auch in dieser Nacht eine Schreckgestalt ihr Unwesen. Es war der »blua-

dige Damerl«, der furchterregend vermummt war. Die Leute nannten ihn »den Thama mitm Hama«, weil er den Kindern mit einem Hammer drohte.
Seit alters gelten die zwölf Rauhnächte nach dem Volksglauben auch als Losnächte, in denen sich Glück oder Unglück im kommenden Jahr durch das Los bestimmen läßt.
Besonders in der Thomasnacht glaubte man den Zukunftsschleier etwas lüften zu können. Vor allem die ledigen Mädchen hofften, z. B. durch »Pantoffelwerfen«, erfahren zu können, ob sich im kommenden Jahr die ersehnte Hochzeit einstellt. Dabei warfen sie einen Pantoffel über die Schulter und achteten genau darauf, in welche Richtung die Schuhspitze zeigte. Aus dieser sollte der erhoffte Hochzeiter kommen. Beliebt war auch das Bettstattreten. Dazu mußte ein Mädchen folgenden Spruch aufsagen:

Und auch das soll es gegeben haben: Heiratsfreudige Mädchen gingen um Mitternacht, nur mit einem Hemd bekleidet, in den Garten und schüttelten einen Obstbaum, um so den Namen des Bräutigams zu erfahren. Durch die zwölf Rauhnächte glaubte man darüber hinaus das Wetter der kommenden zwölf Monate vorhersagen zu können. Von der Witterung der einzelnen Rauhnacht schloß man auf das Wetter im nächsten Jahr.

Bettstatt, i tritt di,
heiliger Thomas, i bitt di,
laß mir erscheinen
den Herzallerliebsten meinen.

Das Kind in der Krippe

Der Christbaum hat zwar in unserem Jahrhundert die Weihnachtskrippe etwas verdrängt, in den letzten Jahren entdeckten aber wieder viele Menschen den alten Brauch, in der Wohnung das »Kripperl« aufzustellen, wie man in Altbayern sagt. Gegenwärtig erleben wir geradezu eine Krippenrenaissance. Auf den unzähligen Weihnachtsmärkten in Stadt und Land findet der Krippenfreund ein vielfältiges, in Preis und Qualität recht unterschiedliches Angebot an Figuren aus Holz und Terrakotta, Wachs und Papier, bemalt und bekleidet, oft von Künstlerhand gestaltet, daneben Ställe in verschiedenen Ausführungen und weiteres Zubehör.
Unsere Weihnachtskrippe mit beweglichen Figuren hat ihren Ursprung in der Verehrung der Krippenszene bereits in der Frühzeit des Christentums. So entstanden schon im 4. Jahrhundert in Rom erste Bilder von der Geburt Christi. Figürliche Darstellungen der Ereignisse der Heiligen Nacht sind seit dem Ende des 13. Jahrhunderts nachweisbar.

Unsere Weihnachtskrippe mit beweglichen Figuren hat ihren Ursprung in der Verehrung der Krippenszene bereits in der Frühzeit des Christentums.

Förderlich für die Entwicklung der Krippe waren Weihnachtsspiele, die seit dem Mittelalter in Kirchen aufgeführt wurden. Mit einer szenischen Darstellung feierte auch Franz von Assisi im Jahre 1223 das Weihnachtsgeschehen.
Er verließ dabei den Sakralraum und führte im Wald von Greccio eine Krippenfeier durch. Mit einer hölzernen Futterkrippe, mit Ochs und Esel, die er dazustellte, wollte er seinen Mitbrüdern die Weihnachtsgeschichte veranschaulichen. Keineswegs war Franz von Assisi aber der »Erfinder« der Weihnachtskrippe, wie oft behauptet wird.
Einen wesentlichen Beitrag zum Entstehen der Krippe leisteten seit dem 14. Jahrhundert Frauenklöster mit dem Brauch des »Kindleinwiegens«. Dabei wurden gewickelte (gefatschte) Christkindlfiguren, zumeist aus Wachs, verehrt. In der Barockzeit entstanden daraus, in Fortführung dieser Tradition, szenische Weihnachtsspiele mit Gesang. Nicht zu vergessen sind auch die spätgotischen Krippenaltäre, deren Flügel geöffnet und geschlossen werden konnten, deren Figuren aber unbeweglich waren.
Erst am Ende des 16. Jahrhunderts kommt es zu Krippendarstellungen im heutigen Sinn mit beweglichen Figuren in szenischer Darstellung. In Bayern war die Wittelsbacher Erzherzogin Maria, die Tochter von Herzog Albrecht V., eine begeisterte Verehrerin der Weihnachtskrippe. In einem ausführlichen Briefwechsel bat sie ihren Bruder Wilhelm V., ihr »ein oxen und esl schnitzen (zu) lassen.« Durch die Förderung der Wittelsbacher fand die Krippe bald Eingang in die Fürstenhöfe des 16. Jahrhunderts.
Im kirchlichen und klösterlichen Bereich begeisterten sich die Jesuiten für die Krippe, denn mit ihr wollten sie das Weihnachtsgeschehen den Gläubigen veranschaulichen und so die religiöse Unterweisung fördern. Eine der ersten großen Krippen stellten die Jesuiten im Jahre 1553 in einer Prager Kirche auf. Gut 50 Jahre später, im Jahre 1607, wird erstmals von einer Krippe in der Münchner Michaelskirche berichtet. Während des Dreißigjährigen Krieges, im Jahre 1627, entstand in der Klosterkirche auf der Fraueninsel im Chiemsee eine Krippe. Diese wertvolle Krippe hat, wie die meisten Jesuitenkrippen, die Wirren der Zeit nicht überstanden und ist spurlos verschwunden.

Festliches Glockengeläut am Weihnachtsabend ruft die Gläubigen zur Christmette.

Einen Höhepunkt erlebte die Krippenkunst in Italien und im österreichischen Tirol, aber auch bei uns in Bayern. Mit barocker Ausdrucksfreude und Überschwenglichkeit wurden ab der Mitte des 17. Jahrhunderts wahre Meisterwerke der Volkskunst geschaffen. Die Figuren wurden mit wertvollem Brokat bekleidet, so wie es die großen und kleinen Künstler von den Fürstenhöfen her kannten.

Wenn heute Hauskrippen aus dieser Zeit überhaupt noch erhalten sind, so ist dies eigentlich einem Verbot zu verdanken, denn Ende des 18. Jahrhunderts wurde das Aufstellen einer Krippe von der Obrigkeit verboten. Kaiser Franz Joseph II. sprach neben anderen kirchenfeindlichen Erlassen auch ein Verbot aller Kirchen- und Klosterkrippen aus. Dem Edikt schloß sich Bayern in der Zeit der Säkularisation (1802) an. Diese Verbote aber führten lediglich dazu, daß die Krippen fortan in Bürgerhäusern und später in Bauernhäusern aufgestellt wurden. König Ludwig I., der viele in der Aufklärung aufgehobene Klöster wieder einrichtete, gab schließlich der Krippe auch in den Kirchen ihren einstigen Platz zurück.

Die in den Kirchen aufgebauten Krippen waren für das Volk immer wieder Anreiz, auch zu Hause das Geschehen von Bethlehem zu veranschaulichen. Oft ohne Vorkenntnisse wagte man sich an das Schnitzen der Krippenfiguren, modellierte sie aus Ton und Wachs, fertigte sie aus Papier, bekleidete und bemalte sie. Dargestellt wurden Szenen wie die Herbergssuche, die Anbetung im Stall, die Flucht nach Ägypten, der Besuch der Heiligen Drei Könige. Viele Hauskrippen mit einer Landschaft aus Bergen, Flüssen, Häusern und Straßen erreichten riesige Ausmaße und füllten ganze Zimmer.

Besonders kostbare Münchner, neapolitanische und sizilianische Krippen hat in jahrelanger Sammeltätigkeit der Münchner Kommerzienrat Max Schmederer im vergangenen Jahrhundert zusammengetragen. Seine einmalige Krippensammlung vermachte er 1892, noch zu Lebzeiten, dem Bayerischen Nationalmuseum in München. Sie wurde inzwischen durch Krippen aus Österreich, Italien, Mähren und Südfrankreich erweitert und umfaßt heute mehr als 6000 Figuren. Damit ist die Sammlung im Bayerischen Nationalmuseum die größte Krippensammlung der Welt.

Besonders kostbare Münchner, neapolitanische und sizilianische Krippen hat in jahrelanger Sammeltätigkeit der Münchner Kommerzienrat Max Schmederer im vergangenen Jahrhundert zusammengetragen. Seine einmalige Krippensammlung vermachte er 1892, noch zu Lebzeiten, dem Bayerischen Nationalmuseum in München. Sie wurde inzwischen durch Krippen aus Österreich, Italien, Mähren und Südfrankreich erweitert und umfaßt heute mehr als 6000 Figuren. Damit ist sie die größte Krippensammlung der Welt.

Die in den Kirchen aufgebauten Krippen waren für das Volk immer wieder Anreiz, auch zu Hause das Geschehen von Bethlehem zu veranschaulichen. Oft ohne Vorkenntnisse wagte man sich an das Schnitzen der Krippenfiguren, modellierte sie aus Ton und Wachs, fertigte sie aus Papier, bekleidete und bemalte sie.

FROHE HIRTEN

3. Hat was in d'Luft g'schrian:
»Es Hirtn, aufanal!
Laufts nur fein hurtig
auf Bethlehem im Stall!«
Da bin i g'schwind grennt
und hab halt einiguckt,
glaub mir, mei Steffi,
da war i bald verzuckt.

4. Nimm glei a Lampl,
des best' von uns'ra Her',
gebm mir's dem Kindl,
wer woaß, was's uns beschert.
Herzliabes Kindl,
nimm an das Lampl mein,
's Fleisch, des kannst essn,
ins Fellerl wickln ein.

Kletzenbrot in der Heiligen Nacht

Die schneebedeckten Dächer der Häuser und Buden auf dem Christkindlmarkt in München sorgen für weihnachtliche Stimmung.

Für uns Erwachsene ist meist auch der letzte Tag vor dem Fest ausgefüllt mit Besorgungen und Vorbereitungen, es darf ja nichts vergessen werden. Nicht selten enden die vorweihnachtliche Hektik und Geschäftigkeit erst mit der Bescherung am Heiligen Abend. Um wieviel ruhiger, aber auch einfacher verlief da der Weihnachtsabend noch vor Jahrzehnten. Auf einem Bauernhof herrschte am Heiligen Abend totale Ruhe, erlaubt waren lediglich die vordringlichsten Arbeiten im Stall. Alle waren gerüstet für die Feier des Christfestes. In fränkischen Dörfern stimmte man sich mit einem Sternsingen auf das Fest ein: Lehrer, Kantor und Schulkinder zogen singend durch den Ort und erhielten dafür Christwecken, Wein und Geld.

Die Bescherung, soweit sie nicht bereits, wie in Altbayern, am Nikolaustag stattfand, hielt sich in einem recht bescheidenen Rahmen. Ganz im Gegensatz zu heute, wo Weihnachten zum Konsumfest geworden ist, wurden nur Kleinigkeiten geschenkt, vor allem etwas zum Anziehen.

Mit der Heiligen Nacht begann die Zeit der zwölf Rauhnächte und damit finsteren Aberglaubens. So mußten vor der Bescherung vom Bauern noch Haus und Stall ausgeräuchert werden: In einer Pfanne wurde glühende Holzkohle, auf die man Weihrauchkörner legte, durch alle Räume getragen, um die bösen Geister zu vertreiben, die Menschen und Tiere bedrohten.

Reste heidnischen Aberglaubens waren es sicherlich auch, wenn man in Franken am Heiligen Abend alle Besen verkehrt in die Ecke stellte, damit die bösen Geister am Besenreisig hängenblieben. Um Unglück für das Haus im kommenden Jahr fernzuhalten, durften in der Heiligen Nacht keine Wäschestücke im Freien auf der Leine sein. Auch von der Zukunft glaubte man in dieser Nacht etwas erfahren zu können. Dazu mußte man sich in der Christmette einfach unter den Futterbarren legen, um die Tiere reden zu hören.

Im Gegensatz zu heute war der Heilige Abend bis nach der Christmette ein strenger Fast- und Abstinenztag, an dem man sich nur einmal an einer einfachen Suppe satt essen durfte. Zur Bescherung gab es nur das selbstgebackene Kletzenbrot aus Roggenmehl und gedörrten Birnen. Vor Mitternacht machte man sich auf den Weg zur Christmette in der Dorfkirche. Nach altem Brauch blieb immer ein Erwachsener, meist der Großvater, daheim und hütete das Haus.

Nach der Rückkehr von der Christmette versammelte sich dann aber die ganze Familie zu einem für unsere Vorstellungen äußerst üppigen nächtlichen Mahl, das bis zum frühen Morgen dauerte. Auf den Tisch kamen eine fette Brühsuppe, Leber- und Blutwürste und gesottenes Schweinefleisch. Das alles verdankte man dem »Weihnachter«. Das war die schwere Mettensau, die eigens für die Festtage gemästet wurde. Sie wurde schon einige Tage vor dem Heiligen Abend geschlachtet – wenn sie nicht dem Bauern heimlich aus dem Stall geholt wurde.

> *Im Gegensatz zu heute war der Heilige Abend bis nach der Christmette ein strenger Fast- und Abstinenztag, an dem man sich nur einmal an einer einfachen Suppe satt essen durfte. Zur Bescherung gab es nur das selbstgebackene Kletzenbrot aus Roggenmehl und gedörrten Birnen. Rechtzeitig vor Mitternacht machte man sich auf den Weg zur Christmette in der Dorfkirche.*

Der Christbaum

Weihnachten und Christbaum (in außerbayerischen Gebieten spricht man vom Weihnachtsbaum!) bilden für die meisten von uns eine Einheit. Er ist der Mittelpunkt des Weihnachtszimmers, wenn er, behängt mit Glaskugeln und Lametta oder Strohsternen, Äpfeln und Wachsmodeln - je nach Geschmack - und besteckt mit Lichtern, die Familie zum schönsten Fest des Jahres vereint. In vielen Liedern wird seine Einmaligkeit besungen. Er ist zum Symbol des deutschen Weihnachtsfestes schlechthin geworden. Deutsche Auswanderer haben den Brauch des Christbaums mit in ihre neue Heimat genommen, um auch in der Fremde das Christfest wie in Kindertagen feiern zu können.
Aus der Heimeligkeit der Wohnung hat man den Christbaum in den letzten Jahrzehnten hinausgetragen auf die Straßen und Plätze, in die Kaufhäuser, Betriebe und Bahnhöfe. Die Geschäftswelt weiß sehr wohl die Werbewirksamkeit des grünen Baumes in der Vorweihnachtszeit zu schätzen.
Angesichts der so weiten Verbreitung könnte man heute glauben, daß es sich beim Christbaum um einen sehr alten Brauch handelt. Das aber widerlegt ein Blick auf seine Entstehungsgeschichte. Am Anfang stand wohl die Sitte, besonders zur Zeit der Wintersonnenwende einen grünen Baum oder auch nur einen Zweig ins Haus zu holen. Damit wollte man in der Zeit totaler Wachstumsruhe an das zu erwartende neue Leben erinnern. Erstmals erwähnt wird ein derartiges Tannenreisig im Jahr 1494 von Sebastian Brandt in seiner berühmten Schrift »Narrenschiff«. Dieser Brauch, der allem Anschein nach besonders im Elsaß weit verbreitet gewesen sein muß, fand aber bei den Waldbesitzern keine Freude und Zustimmung, da man eine Ausplünderung der Wälder befürchtete. Immer wieder wurden deshalb Verbote erlassen, um den bedrohten Waldbestand zu schützen. Das hinderte aber das Volk nicht, zur Weihnachtszeit grüne Bäume und Äste in den Stuben aufzustellen.
Von geschmückten Bäumen erfahren wir erstmals aus einem Reisetagebuch eines unbekannten Schreibers aus dem Jahre 1605: »Auf Weihnachten richten man Dannenbäume zu Straßburg in den Stuben auf, daran henket man Rosen, aus vielfarbigem Papier geschnitten, Äpfel, Oblaten, Zischgold, Zucker usw.«.

Der Christbaum oder Weihnachtsbaum, besteckt mit Lichtern, ist das Symbol des deutschen Weihnachtsfestes schlechthin.

An kleine, kerzenbesteckte Buchsbäumchen kann sich Liselotte von der Pfalz erinnern, die in ihrer Jugend am Hannoveraner Hof in der Zeit um 1660 aufgestellt wurden. In Bayern war es die Gemahlin von König Ludwig I., die Königin Therese, die 1830 erstmals einen Lichterbaum in die Münchner Residenz bringen ließ. Dasselbe wird von Königin Karoline, der Gemahlin von Maximilian I. Joseph, berichtet. Die Adligen ahmten das königliche Vorbild nach. In der Biedermeierzeit wurde der Christbaum dann zu einem festen Bestandteil des Weihnachtsfestes. Und bald fanden auch einfache Bürger am Christbaum Gefallen. Im Deutsch-Französischen-Krieg 1870/71 lernten ihn bayerische Soldaten bei den anderen deutschen Truppen kennen und brachten ihn in ihre Heimat mit.

Aus der Heimeligkeit der Wohnung hat man den Christbaum in den letzten Jahrzehnten hinausgetragen auf die Straßen und Plätze, in die Kaufhäuser, Betriebe und Bahnhöfe. Die Geschäftswelt weiß sehr wohl die Werbewirksamkeit des grünen Baumes in der Vorweihnachtszeit zu schätzen.

Seit dieser Zeit, also seit gut 100 Jahren, wurde der Christbaum auch bei uns mehr und mehr, vor allem in den Städten, heimisch. Auf dem Lande war dieser Brauch, der aus dem evangelischen Norden kam, noch lange unbekannt. Hier stand man dem »protestantischem Zeug« lange skeptisch gegenüber. Erst allmählich konnte er das altgewohnte Paradeisl verdrängen.
Der Zeitgeist ist auch am Christbaumschmuck nicht spurlos vorbeigegangen. Zunächst behängte man den grünen Baum, wie im Elsaß, mit Papierrosen und Äpfeln, mit Back- und Zuckerwerk. Bis ins vorige Jahrhundert schmückte man ihn mit Marzipan, Lebkuchen, Äpfeln, Rosinen und Feigen. Um 1880 fand man am

Spekulatius wird in der Vorweihnachtszeit nach alten Formen gebacken (unten links).

Ein traditioneller bayerischer Weihnachtsschmuck sind Trockenblumen- und Gewürzsträußl (unten rechts).

Glasschmuck, ab 1890 am Lametta Gefallen. Und in jüngster Zeit wendet man sich wieder mehr vom industriell hergestellten Christbaumschmuck ab und freut sich an »natürlichem« Dekor, an Wachsmodeln, Strohsternen und Holzschmuck. Und auch die Aufstellung des Baumes war nicht immer gleich: So hängte man zu Beginn unseres Jahrhunderts und bis in die dreißiger Jahre hinein in Oberfranken und Thüringen den meist kleinen, mit Kerzen, Glaskugeln und Lametta geschmückten Baum an die Decke der Weihnachtsstube.

Andachts-Jodler

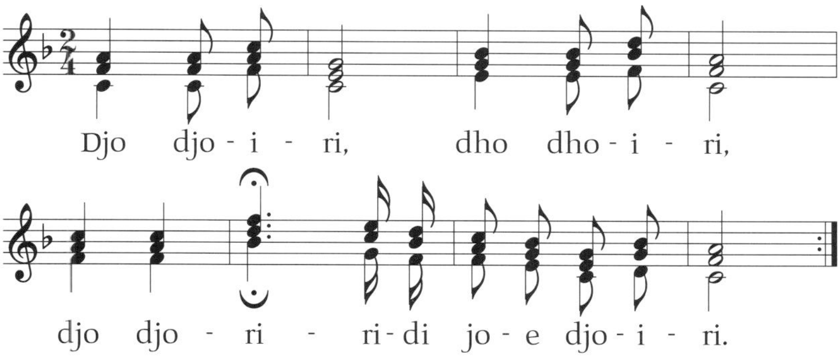

Weihnachtsschützen in Berchtesgaden

»Im Advent sind die Geister los!« hieß es einst im Volksmund. Damit ist widerlegt, daß die Tage vor Weihnachten die »stillste Zeit des Jahres« waren. Unheimliche Gestalten wie Krampus, Buttmandl, Gangerl, Perchten, Klöpfler und Luzelfrau sorgten für Lärm und Unruhe in den finsteren Adventsnächten. Dieses Brauchtum, das uns heute so sonderbar anmutet, hat seinen Ursprung in dem alten Volksglauben, daß in den Tagen des Advents böse Geister und Dämonen abgewehrt werden müssen. In vielen unserer Bräuche der Advents- und Weihnachtszeit treffen wir auf derartige vorchristliche Vorstellungen, die uns freilich nicht mehr bewußt sind. Das gilt in besonderer Weise für das Weihnachtsschießen im Berchtesgadener Land. Nach altem Brauch veranstalten hier die Weihnachtsschützen täglich vom 17. bis 24. Dezember jeweils um 15 Uhr ein zehn Minuten dauerndes »Christkindl-Anschießen«. Der Höhepunkt ist alljährlich das Weihnachts-Anschießen, das am Heiligen Abend vor der Mitternachtsmesse stattfindet.

In vielen unserer Bräuche der Advents- und Weihnachtszeit treffen wir auf vorchristliche Vorstellungen. Das gilt auch für das Weihnachts-Anschießen im Berchtesgadener Land, das am Heiligen Abend vor der Mitternachtsmesse stattfindet.

Die Berchtesgadener Schützen verwenden ausschließlich Hand-

böller und Böllerkanonen. Die Böller werden noch heute handgefertigt und wiegen zwischen 3,5 und 25 Kilogramm.
Schon im 12. Jahrhundert lärmten die Bergbauern mit Peitschen, Glocken und schweren Viehketten. An diese Übung knüpfen auch die Berchtesgadener Schützen an, die in 17 örtlichen Vereinen organisiert sind. Diese haben sich 1925 als »Vereinigte Weihnachtsschützen des Berchtegadener Landes« zusammengeschlossen. Seither wird auch die Durchführung des Schießens genau durch Vorschriften und Statuten geregelt, die aber an eine jahrhundertealte Tradition anknüpfen. In seiner jetzigen Form wird es erstmals in einem »Rathausprotokoll« 1666 erwähnt. Darin wird ein Verbot der »Unsitte« ausgesprochen, die nicht der Ehre Gottes diene, sondern lediglich »allerhand Bübereien« fördere.

Der Brauch des Weihnachtsschießens ist uralt. Schon im 12. Jahrhundert lärmten die Bergbauern mit Peitschen, Glocken und schweren Viehketten. An diese Übung knüpfen auch die Berchtesgadener Schützen an, die in 17 Vereinen organisiert sind. Diese haben sich 1925 als »Vereinigte Weihnachtsschützen des Berchtegadener Landes« zusammengeschlossen. Seither wird auch die Durchführung des Schießens durch Vorschriften und Statuten geregelt, die aber an eine jahrhundertealte Tradition anknüpfen.

Das Berchtesgadener Weihnachtsschießen am Heiligen Abend ist jedes Jahr ein Ereignis, das man selbst erleben muß. Bereits am Nachmittag beziehen etwa 800 Schützen ihre traditionellen Schießplätze außerhalb der Ortschaften. Vor dem Schießen sprechen sie noch ein gemeinsames Vater-Unser, dann stellen sie sich in einer langen Reihe auf. Um 23.30 Uhr, wenn die Menschen auf dem Weg zur Christmette sind, beginnt das mitternächtliche Schießen. Auf das Kommando ihres Schützenhauptmannes zünden die einzelnen Gruppen ihre Böller, die nach altem Brauch mit Schwarzpulver geladen sind. Die Zündung wird mit Zündhütchen ausgelöst, was nicht ganz ungefährlich ist. Bei einem einzigen Schießen werden etwa 32 Zentner Pulver verbraucht. Pünktlich um 24 Uhr, beim Beginn des Mettenamtes, verstummt schließlich das Krachen der Böller, das sich als Echo zwischen den Felswänden mehrfach verstärkt.
Noch einmal in Aktion treten die Weihnachtsschützen in der Silvesternacht, wenn sie das neue Jahr »einschießen« (s. S. 11).

In der Silvesternacht

Mit dem Namensfest des heiligen Silvester geht nach unserem Kalender das Jahr zu Ende. Es ist reiner Zufall, daß gerade diesem Heiligen – er war ein großer Papst im 4. Jahrhundert – der letzte Kalendertag zugefallen ist. Die zahlreichen Bräuche an

diesem Tag stehen daher auch in keinerlei Bezug zu seiner Person, sondern kreisen um das Ereignis der Jahreswende.
Die Silvesternacht ist eine der großen Losnächte des Jahres, in der man glaubt, den Zukunftsschleier etwas lüften zu können. Ein Musterbeispiel ist das beliebte Bleigießen. In lustiger Gesellschaft bringt man zu mitternächtlicher Stunde über einer Kerzenflamme Blei zum Schmelzen und schüttet es danach in kaltes Wasser. Aus den sich bildenden Formen der Bleimasse sucht man - mit viel Phantasie - mancherlei Figuren zu erkennen, und glaubt so, auf das Schicksal im neuen Jahr schließen zu können. Zukunftsdeutung war es auch, wenn in der Oberpfalz früher die heiratslustigen Mädchen in der Silvesternacht einen Apfel durchschnitten und aus der Zahl der Kerne auf eine Heirat schlossen: Eine gerade Zahl deutete auf eine baldige Heirat hin. Hier und in Franken warfen die Mädchen, ebenso wie in der Andreasnacht, am Thomasabend und in der Heiligen Nacht, lange Apfelschalen, aber auch Geldstücke oder Pantoffeln über Kopf und Schulter, um aus ihrer Lage die Richtung zu erfahren, aus der der Zukünftige kommen werde.
Wie die Heiligen Nacht zählt auch die Silvesternacht zu den großen Rauhnächten. Es werden wie am Heiligen Abend das Wohnhaus, der Stall und die Scheune ausgeräuchert, um so nicht wohlgesonnene Geister fernzuhalten.
Nach altem Brauch wird am frühen Abend die Jahresschlußfeier in der Kirche besucht. Anschließend trifft man sich im Familien- oder Freundeskreis, zu Hause oder in einem Lokal zu einem gemeinsamen festlichen Essen.
Die letzten Stunden des Jahres möchte man nur ungern allein verbringen. In Gasthäusern werden Silvesterfeiern mit Tanz veranstaltet. Man läßt es sich gut gehen bei allerlei Gaumenspezialitäten und alkoholischen Getränken. Besonders beliebt sind Punsch und Glühwein. Um 24 Uhr, nach dem letzten Glockenschlag, prostet man sich zu und wünscht sich gegenseitig ein gutes neues Jahr! Prosit Neujahr!
Nach altem Brauch kündet festliches Geläute den Anfang eines neuen Jahres: Die Glocken läuten das neue Jahr ein. Übertönt werden sie von den zahllosen Leuchtraketen, Knallfröschen und Krachern, die in Stadt und Land in den mitternächtlichen Himmel gejagt werden. Es ist ein imposantes, wenn auch sehr kostspieliges Spektakel, mit dem das neue Jahr begrüßt wird.
Viel besinnlicher ist es, wenn von Türmen, aber auch auf öffentlichen Plätzen Bläser mit feierlichen Weisen den Beginn des neuen Zeitabschnitts verkünden. In der Oberpfalz zog früher nach Mitternacht mit Hellebarde und Horn der Nachtwächter

Die Bewohner des tiefverschneiten Hechendorf bei Murnau finden sich zur Christmette in der Dorfkirche ein (oben).

Aus hoher Warte – meistens von einem Turm – begrüßen Bläser das neue Jahr (unten).

Bescherung auf dem Bauernhof in früheren Zeiten: Kletzenbrot aus Roggenmehl und gedörrten Birnen (rechte Seite).

Kletzenbrot aus Roggenmehl und gedörrten Birnen (rechte Seite).

durch die Straßen und sprach seine Glückwünsche aus. Aus Vilseck ist folgender Neujahrsspruch überliefert:

> Zum neuen Jahr, das jetzt beginnt,
> weil's alte nun ein Ende nimmt,
> euch allen groß und klein,
> wünsch' ich viel Glück und Freud.

Nachdem er dem Bürgermeister und dem Magistrat, den Männern und Frauen der Stadt Gottes Segen gewünscht hatte, schloß er mit dem Wunsch:

> Nun sieh, o Gott, von oben her
> mit Gnadenaugen dar
> und vom Greise bis zum kleinsten Kind
> wünsche ich ein glückseliges neues Jahr!

BRAUCHTUMSFESTE IM DEZEMBER

ab 1. Advent:
Adventsbräuche (»Paradeisl« aufstellen, Adventskranz, Adventssingen).

1. Adventsabend bis Heiligabend:
Christkindlmarkt in München (Marienplatz) und in Nürnberg (Hauptmarkt).

1. und 2. Adventssonntag:
Buttenmandl-Laufen im Berchtesgadener Land.

4. Dezember:
Barbara-Tag (Barbara-Zweige stecken).

5. Dezember:
Klausentreiben im Allgäu (in Oberstdorf und im Kemptener Raum).

6. Dezember:
St.-Nikolaus-Tag: Nikolausmärkte, Vorläufer der Christkindlmärkte; Nikolaus-Besuche bei Kindern mit Knecht Ruprecht (»Krampus«).

An den ersten drei Donnerstagen im Advent:
Klöpfler- und Klöckler-Treiben in Altbayern und Franken,
»Göllen«-Treiben in der Oberpfalz.

13. Dezember:
Fest der hl. Lucia: Lucien-Häuschen-Umzug mit anschließendem Lichterschwemmen in der Amper in Fürstenfeldbruck.

17. Dezember:
Weihnachtsschießen (Böllerschießen) in Berchtesgaden.

24.–26. Dezember:
Weihnachtsfest mit Weihnachtsbräuchen (Kripperl-Aufstellen, Fatschenkinder, Kletzenbrot, Christmette, Christbäume).
Beginn der zwölf »Rauhnächte«.

2. Weihnachtsfeiertag:
Stephansritt in Spalt in Franken.

31. Dezember:
Sterngang in Oberammergau.
»Nausschießen« des alten Jahres in Berchtesgaden;
Silvesternacht-Bräuche, Silvesterfeiern.

Literaturnachweise

Aiblinger, Simon: Vom echten bayerischen Leben. München 1976

Beitl, Richard: Wörterbuch der deutschen Volkskunde. Stuttgart 1974

Bichler, Albert: Heimatbilder. Erinnerungen an das alte Dorfleben. Pfaffenhofen 1967

–: Wallfahrten in Bayern. Ein Führer zu 60 Gnadenorten. München 1990

Bichler, Albert/Hannes S. Macher: Unterm Kastanienbaum. Geschichten, Gedichte, Reime und Lieder aus Bayern für junge Menschen. Dachau 1992

Biebl, Franz: Komm, wir gehn nach Bethlehem. München 1979

Eberwein-Seefelder, Marlene: Das Eberwein-Liederbuch aus der Holledau. München 1989

Eichseer, Adolf und Erika: Oberpfälzer Weihnacht. Regensburg 1979

Fanderl, Wastl (Hrsg.): Liederbogen. Frasdorf o. J.

–: Annamirl Zuckaschnürl. München 1980

Gockerell, Nina: Krippen im Bayerischen Nationalmuseum. München 1993

Gugitz, Gustav: Fest- und Brauchtumskalender. Wien 1981 (Neudruck)

Hager, Franziska/Heym, Hans: Drudenhax und Allelujawasser. Rosenheim 1975

Heilmannseder, Marianne: Brauchtum & historische Feste. Altbayern und Nordtirol. Rosenheim 1992

Hipp, Hans: Lebzelten, Wachstöcke, Votivgaben. Handwerk und Brauch. Pfaffenhofen 1984

Hofbauer, Josef: Ostbayern. Vom Leben und Brauchtum. Regensburg 1980

Hofmann, Winfried: Unsere Heiligen als Schutzpatronen. Legenden und Biographien. Regensburg 1987

Högler, Peter: Die Vorweihnachtszeit und die »heiligen zwölf Nächte«, in: *Unterfränkische Heimat. Beilage zum Amtlichen Schulanzeiger.* Würzburg 1991

–: Vom Verirrten- und Gedächtnisläuten in Mainfranken und den angrenzenden Gegenden, in: *Heimatpflege im Landkreis Würzburg.* Würzburg 1991